# 中职生就业创业指导教程

主　编　王亚明

副主编　张萨萨　蒋开全　冯　芳

编　委　林佩纳　王杨靖　叶留俊　容翠丽　王燕燕

ZHEJIANG UNIVERSITY PRESS
浙江大学出版社
·杭州·

**图书在版编目（CIP）数据**

中职生就业创业指导教程 / 王亚明主编. -- 杭州 ：
浙江大学出版社，2023.11
ISBN 978-7-308-23955-4

Ⅰ．①中… Ⅱ．①王… Ⅲ．①职业选择－中等专业学
校－教学参考资料 Ⅳ．①G717.38

中国国家版本馆CIP数据核字(2023)第111824号

## 中职生就业创业指导教程
ZHONGZHISHENG JIUYE CHUANGYE ZHIDAO JIAOCHENG

王亚明　主　编

| | | |
|---|---|---|
| 责任编辑 | 秦　瑕 | |
| 责任校对 | 王元新 | |
| 封面设计 | 春天书装 | |
| 出版发行 | 浙江大学出版社 | |
| | （杭州市天目山路148号　　邮政编码　310007） | |
| | （网址：http：//www.zjupress.com） | |
| 排　　版 | 杭州林智广告有限公司 | |
| 印　　刷 | 杭州杭新印务有限公司 | |
| 开　　本 | 787mm×1092mm　1/16 | |
| 印　　张 | 11.25 | |
| 字　　数 | 167千 | |
| 版 印 次 | 2023年11月第1版　2023年11月第1次印刷 | |
| 书　　号 | ISBN 978-7-308-23955-4 | |
| 定　　价 | 36.00元 | |

浙江大学出版社市场运营中心联系方式：0571-88925591；http：//zjdxcbs.tmall.com

# 内容简介

全书分为就业与创业两个模块，共有八个项目，十六个任务点。内容主要包括：项目一，认清就业形势，收集就业信息；项目二，熟悉岗位职责，选择合适职业；项目三，掌握就业技巧，准备求职应聘；项目四，认识企业文化，培养团队合作精神；项目五，调适职场心理，轻松应对挫折；项目六，维护合法权益，强化维权意识；项目七，认识自主创业，把握创业商机；项目八，实施创业计划，完善创业方案。本书结合中职生的学业特点及未来职业的发展趋势，以"就业与创业"为主线，以培养技能型人才为目标，具有很强的针对性、实用性、指导性和可操作性。

全书采用项目化教学方式，选取大量丰富的案例，内容通俗易懂，便于操作，目的在于帮助中职毕业生顺利就业并融入社会。各项目包括项目导引、项目目标、任务目标、案例导入、知识链接、任务实施、职场小贴士、任务评价等。本书可作为中等职业学校就业指导课程的教材，同时可作为企业员工的培训教材。

# 前 言

《国家职业教育改革实施方案》颁布以来，我国职业教育走上提质培优、增值赋能的快车道，发生了格局性的变化。党的二十大报告指出，教育、科技、人才是全面建设社会主义现代化国家的基础性、战略性支撑。我国经济要靠实体经济作支撑，这就需要大量的专业技术人才，需要大批"大国工匠"。职业教育前景广阔、大有可为。

对中职学校的学生而言，除了要认真学习文化知识，熟练掌握专业技能外，还要适时地进行就业指导和创业教育。这既是新时期德育工作发展的需要，也是青年学生进入社会必备的基本常识。所以，开设就业指导与创业教育课，对提高劳动者素质以及深化以就业为导向的职业教育改革有着十分重要的意义和作用。

本书就是要帮助中职学生树立正确的就业观，了解我国的就业形势与创业形势，明确就业的相关法律法规，掌握基本的就业方法和创业途径，从而为中职生做好适应职场、融入社会的心理准备。本书结合了大量案例，图文并茂，内容丰富，通俗易懂。

由于编者水平有限，加之时间仓促，书中存在的不足之处，恳请广大读者批评指正。

编者

2023 年 6 月

# 目　录

就业模块

# 项目一

## 认清就业形势，收集就业信息

◁ **项目导引**

为了进一步贯彻落实《国家职业教育改革实施方案》(国发〔2019〕4号)，推动实施《职业教育提质培优行动计划（2020—2023年）》，进一步巩固中等职业教育的基础地位，国家大力发展中职教育，坚持职普比例大体相当，不断提高中职教育水平，促进就业质量提升。那么，中职生的就业形势如何？政府出台了哪些关于中职生就业方面的文件？带着这些问题，我们来开启项目一吧！

◎ **项目目标**

（1）撰写你所学专业的就业形势分析报告。

（2）收集并处理你所学专业的就业信息。

# 任务一 撰写就业形势分析报告

## ▶ 任务目标

（1）了解当前我国基本就业形势。

（2）熟悉我国基本就业政策。

（3）撰写本专业的就业形势分析报告。

## 案例导入

### 内心的彷徨

晓楠是一名即将毕业的中职生，由于家境贫寒，他是靠政府资助读中职的。三年来，他努力学习，苦练技能，在班里表现优异，得到了老师和同学们的认可。但是，他最近经常闷闷不乐，学习也懈怠了很多。

在班主任的耐心追问下，他才说出了理由。原来，晓楠马上就要毕业了，他看到网络上说就业形势很严峻，而且，他的表哥是大学本科毕业，却在家里待业，好长时间找不到工作，于是他非常担心自己也找不到合适的工作。如果他找不到工作，那家里的负担就更重了。本想着可以出去工作缓解家里经济上的困难，但是现在就业形势不好，他怕无法找到工作。所以，他内心万分恐惧，不知如何是好。

**思考：** 同学们，你们有过这样的彷徨吗?

🔗 **知识链接**

改革开放以来，我国已建成世界规模最大的职业教育体系——1.12万所职业学校、超过2915万名在校生，职业教育实现了历史性跨越。[①] 实体经济需要大量专业技术人才，需要大批大国工匠。职业教育前景广阔、大有可为。

随着我国进入新的发展阶段，产业升级和经济结构调整不断加快，各行各业对技术人才的需求越来越大。党的十八大以来，职业教育提质培优、增值赋能，职业学校毕业生成为我国就业大军的重要来源，成为支撑中小企业聚集发展、区域产业转型升级和城镇化发展的主力军。面对着百年发展之大变局，中职生的就业机遇与挑战有哪些呢？

# 一、中职生就业机遇与挑战

## （一）中职生就业机遇

### 1. 政府高度重视

中职生就业有国家政策的大力支持。职业教育是国民教育体系和人力资源开发的重要组成部分，是广大青年打开通往成功成才大门的重要途径。我国经济持续快速发展，职业教育功不可没，已为各行各业累计培养输送了数亿名高素质劳动者。国家促进职业教育的各项改革举措不断出台。党的十八大以来，特别是《国家职业教育改革实施方案》（以下简称"职教20条"）颁布以来，我国职业教育改革走上发展的快车道，职业教育面貌发生了格局性的变化。

### 2. 国家产业结构升级

改革开放以来，中国的经济迅猛发展，人民生活水平不断提高。为了满足人民日益增长的物质文化消费需求，国家不断对产业结构进行调整，第三产业有了巨大的发展空间。近些年，社会服务性行业、旅游以及由其

---

① 数据来源于《人民日报 海外版》2022年5月30日第02版。

衍生出的各类职业如雨后春笋般迅速崛起。第三产业的发展，为中职生就业营造了良好的氛围。

---

◎ **职场小故事**

王龙是某中职学校汽车营销专业的学生。毕业前夕，他从朋友处得知长沙一汽车销售公司正在招聘。抱着试试看的想法，他带着材料来到公司办公室。他了解到与他一起前来应聘的有六七十人中，绝大部分是大专以上学历的，而公司只招十几个人。与此同时，另一家汽车销售公司也在招贤纳士，王龙也积极参加了面试。由于具有扎实的专业知识，加上面试、笔试准备得都很充分，王龙同时通过了两家公司的应聘。他选择了发展前景较好的一家单位。

**思考：** 为什么王龙能在学历比自己高的应聘者中胜出呢？

---

### 3. 技能型人才需求量大

目前，我国技能型人才严重短缺。许多工种都出现了人才断层。现在珠三角、长三角等地已经成为全球重要的现代制造业基地，需要大量熟练的产业工人。较大的市场缺口，使掌握一定理论知识又具较强动手能力的中职生受到众多用人单位的青睐。

### 4. 中职学校自身不断发展

为适应社会需要，谋求自身发展，中职学校主动结合市场需求变化，不断推出新兴专业，或对原有专业进行调整，以期符合市场需求，促进毕业生稳定就业，保证就业质量。目前，中职学校深化产教融合、校企合作，深入推进育人方式、办学模式、管理体制、保障机制改革，更多高素质技术技能人才、能工巧匠将从中职学校中走出来，成为就业市场的"热点"和"亮点"。

### 5. 毕业生就业心态好

职业学校毕业生的个人定位、就业心态准确踏实，不会眼高手低。实践动手能力较强的他们愿意从基层岗位干起，也不会对工资待遇有不切实际的要求。

◎ **就业典型**

刘江峰在职业学校学的是果林专业，因成绩优异，毕业后被学校推荐到省农科院工作。随着改革开放的深入和社会主义新农村建设的进行，一批有知识、懂技术、会管理的青年回到农村实现了自己的职业理想。刘江峰结合自己的实际情况，辞掉了让很多人羡慕的稳定工作，回到了家乡刘各庄村。他暗下决心，要把学到的专业知识奉献给家乡。

刘江峰筹集了资金，承包了村东的 120 亩果园。在刚开始的几年，刘江峰先后遇到了果园病虫害、资金短缺及果园管理难度大等问题。但他没有放弃，想方设法通过各种途径使 120 亩果园焕发了勃勃生机。

## （二）中职生就业挑战

### 1. 适应能力有待加强

中职生年龄偏小，进入中职学校时大多是十六七岁。随着生活水平的不断提高，越来越多的中职生有任性、以自我为中心、个人主义严重等表现。同时，中职生对社会的了解较少，许多中职生就业后难以快速进入工作状态。

### 2. 学习能力有待提高

当今世界经济、科技发展瞬息万变，新兴产业不断涌现，部分专业所学知识在学生毕业后就已过时。因此，要适应时代发展的变化，中职生只有学习好专业基础知识，树立终身学习的理念，提高自我学习能力，才能不断适应时代的发展。

### 3. 职业素养有待提升

很多企业选择中职毕业生看重"品德"。一些学生就是因为缺乏吃苦耐劳的精神、与人合作的能力、诚实守信的品质而被拒之门外。这就要求中职生在校期间注意个人思想道德素质的提高和职业道德水平的提升，努力成为一个合格的职业人。

## 二、我国当前的就业形势

### （一）总体就业形势看好

近年来，毕业生就业率呈现出与文凭高低相反的趋势，即职校生高于专科生，专科生高于本科生。而中职生的高就业率大多来自职业技术教育独有的优势。中职生具备实用技术和较强的实际操作能力，与社会需求结合密切。同时，职业技术学校的毕业生可以拿到"双证"或"多证"。而许多工种要求从业者持有职业资格证书才能上岗，这也为中职生就业创造了有利条件。

### （二）就业市场竞争激烈

随着改革开放的深入和市场经济体制越来越完善，市场竞争也越来越激烈。而现代经济的竞争实质上就是科技与人才的竞争。因此，对就业人员的素质要求也就越来越高。作为中职生，在日益激烈的就业竞争中本来处于相对劣势，再加上目前"高校扩招"导致的大学毕业生数量迅速增加，中职生就业压力依然存在。

### （三）部分专业对口就业率低

部分中职学校盲目扩大办学规模而导致对口就业率低的现象。有的学校由于办学条件的限制，造成毕业生的动手能力和综合素质相对不高；有的学校盲目开设市场需求的热门专业，造成部分中职毕业生供应过剩，使部分专业对口就业率降低。

## 三、中职生就业对策

面对就业困难的现状，中职毕业生不能怨天尤人，而应沉着应对。

### （一）树立信心，全力克服困难

我国社会主义发展已进入了新时代，与经济社会发展密切相关的职业教育的发展也进入了关键阶段。应当看到，当前中职教育面临的就业困难，是改革发展中出现的阶段性矛盾。中职毕业生在面临严峻挑战的同时也应看到难得的机遇，从而坚定克服困难的信心。

### （二）努力学习，提升自身素质

调查表明，用人单位普遍提出中职毕业生要具备较强的动手能力和解决实际问题的能力。因此，中职毕业生可逐步提高自身的组织能力、社交能力、表达能力等，使自己能自如地面对社会、参与竞争。

### （三）积极主动，提前为就业准备

中职学生一进入学校就应该树立为就业准备的观念，自己积极学习，学校积极配合，提前做好就业准备工

> 说一说：
>
> 面对中职生毕业就业困难，我能从哪些方面入手，防患于未然呢？

作。一是加强工作技术和能力的学习，学到真本领，才能在竞争日益激烈的职场中有一席之地；二是结合职业学校各自专业的特点，早日参加各项技能专业证书的认证和考核，有了技能证书再去找工作就多了一份保障。

### （四）树立正确的择业观，掌握择业基本技巧

中职生应该树立"只要凭诚实劳动取得合法收入"就是"就业"的观念，到生产一线去，到乡镇企业去，自觉拓宽就业门路。

## 四、我国当前的就业方针

我国当前的就业方针是"三结合"的就业方针，即"政府促进就业，市场调节就业，个人自主就业"。

政府促进就业，指国家运用经济、法律和行政等各种手段，增加就业机会，提供就业服务，并确保公平就业，最终达到促进劳动者充分就业的目的。

市场调节就业，指在劳动力市场充分发展的前提下，以市场机制为劳动力资源配置的基础性调节手段，实现用人单位和劳动者的双向选择，

满足双方的需要。

个人自主就业，指劳动者按照社会的需要，经过对现有职业的比较，选择最符合自己兴趣、爱好和专长的职业，或在国家法律、法规和政策允许范围内，从事个体生产经营或其他劳动。

随着劳动者就业市场化，劳动者获得就业机会不再依赖政府，而是通过劳动力市场自主选择职业，竞争上岗。

### （一）政府促进就业

促进就业是政府的责任，在第十届全国人民代表大会常务委员会第二十九次会议上通过的《中华人民共和国就业促进法》，已于 2008 年 1 月 1 日起施行。该法规定了政府要完善就业服务、加强职业教育和培训、提供就业援助等措施，创造就业条件，扩大就业。

### （二）市场调节就业

中职学校是连接学生与市场的桥梁，学生学什么，怎么学，学校都会及时根据市场的要求来调整，以就业为导向，将就业指导和创业教育贯穿于学校教学和管理的全过程。加强学生就业意识与就业能力的培养，积极进行职业定位教育。

◎ **职场小故事**

模具制造专业近几年人才需求量比较大，也是热门专业。但在发展初期，报考这个专业的学生很少。小王就是在那个时候报考的模具制造专业，有一些人劝告他应该报考发展比较稳定的机修专业，他婉言谢绝了。事实上，小王的选择是对的，他毕业后不久，社会上就兴起了模具制造热，这个时候已经在市场上锻炼几年的小王，立即购买了机器，在当地开办了一家模具加工厂，成为同学中发展较好的一位。

**职场小贴士**

小王正是看到了市场的需求，做出了正确的选择。

### （三）个人自主就业

随着我国劳动人事制度的改革和就业服务体系的逐步完善，劳动者在择业时具有越来越大的自主性和越来越宽松的环境。国家的就业方针给了毕业生们施展自己才能的机会。这对毕业生能力的要求也更高了。

## 五、我国促进就业的政策

### （一）在经济发展和经济结构调整中广开就业门路

坚持扩大内需的方针，保持国民经济必要的增长速度和对就业的拉动能力。积极调整经济结构，千方百计地在第三产业、多种所有制经济、劳动密集型产业、中小企业、灵活就业和开拓国际市场等领域开发就业岗位。

### （二）运用财税金融等政策扶持再就业

鼓励、支持劳动者自谋职业和自主创业，鼓励企业更多地吸纳下岗失业人员再就业，帮助困难群体人员就业，鼓励大中型企业安置多余人员。

### （三）改进和完善就业服务体系，加强人力资源的能力建设

提高公共就业服务质量和效率，加强劳动力市场信息化建设，加强再就业培训，提高下岗失业人员的就业能力和创业能力。

### （四）加强对就业的管理和对失业的调控

把增加就业岗位和控制失业率作为国家和各地区宏观调控的重要指标，作为各级政府的目标责任。将就业与社会经济发展和稳定相结合，层层分解，落实到位。

### （五）完善社会保障体系

搞好下岗失业职工基本生活保险、失业保险和城市居民最低生活保障

制度"三条保障线"的衔接。搞好养老保险、医疗保险的接续，解除流动就业劳动者的后顾之忧。

## 🕐 任务实施

### 撰写本专业就业形势分析报告

要求：以小组为单位，结合教材，上网查阅资料，撰写本专业就业形势分析报告。具体内容可包含以下几点：

一、调查背景

_____

二、调查对象

_____

三、毕业生择 / 就业情况

（一）就业及市场需求情况

_____

（二）就业需要的专业技能

_____

四、结论

_____

## 📝 任务评价

议一议

以小组为单位，分析专业就业形势并撰写分析报告，说一说谁的就业分析调查报告最全面。

学以致用

　　李明毕业于某中职学校物流管理专业。他通过学校和老师的推荐，去了一家只有30个人的物流公司做管培生。这家公司包吃、包住，月薪3000元。李明在公司里做了两个月的管培生，公司先安排他轮岗实习，在两个月后公司将李明定岗为业务员。李明不怕辛苦，看好物流行业，在工作期间又考取了多个技能证书，并通过自考获取了本科学历。2019年，李明成为该公司的业务经理，主管公司的货物进出、物品采购等。

　　**思考：**
　　（1）中职生面临着怎样的就业形势？
　　（2）中职生应如何调整自己对就业的看法？

# 任务二　收集与整理就业信息

## ▶ 任务目标

（1）了解收集就业信息的方法。

（2）学会对就业信息进行处理。

（3）利用办公软件，整理自己搜索到的就业信息，建立个人就业信息管理库。

## 👤 案例导入

### 王强的困惑

眼看着就要毕业了，某中职学校的学生王强有点着急了。他不停地翻看手机上的各类就业信息、招聘广告。有一天，他看到一条就业信息显示，某市人才市场将于近日举行大型招聘会，参加单位达数百家，一些世界著名的跨国公司、国内著名的高科技公司、大型企业集团届时都将前来招聘毕业生，盛况空前，欢迎全国各地的大中专毕业生踊跃参加。王强喜出望外，他仿佛看到了自己入职高端企业的场景。于是，他赶紧联系了同班同学，几个人一起信心满满地来到了招聘现场。可没想到，这见面会不仅需要高额的入场门票，而且进去后让他们大失所望，他们没有看到任何跨国公司、高科技公司以及大型企业集团，来的都是些小公司、小企业，甚至还收取报名费。王强和几位同学无功而返。该如何筛选纷繁复杂的就业信息呢？王强感到手足无措。

✦ **知识链接**

求职不仅要具备知识、技能等，也要有获取就业信息的能力。一个人如果掌握了大量信息，他的择业视野就更宽广，能争取主动权，更好地选择就业岗位。反之，一个人如果视听闭塞、信息失灵，就会盲目糊涂地从事某种工作。随着信息时代的不断发展，择业者越来越清楚地认识到信息是择业的基础，是通往用人单位的桥梁。谁获得信息，就获得主动权；谁失去信息，就失去主动权。

# 一、收集就业信息

就业信息的内容十分广泛，作为初次择业的毕业生应主要了解以下三个方面的就业信息。

## （一）就业政策

### 1. 国家就业方针、原则和政策

就业政策是毕业生就业的出发点，是毕业生就业的依据。

### 2. 相关就业法律法规

了解法律法规，依法办事，不仅可以取得合法权益，而且可以捍卫自己的正当权利，减少不必要的损失。目前已出台和施行的相关法律有《中华人民共和国劳动法》《中华人民共和国反不正当竞争法》《中华人民共和国劳动合同法》等。

### 3. 地方用人政策

不同地区、单位根据国家的有关规定，结合自身情况，对毕业生的引

> 找一找：
> 你所在的地区对于技术技能型人才有哪些优惠政策？

进、安排、使用、晋升、工资、待遇等制定了一系列更为具体的规定。不少地区为了吸引人才，还制定了许多优惠政策，这是中职毕业生应该了解的。

### 4. 学校相关规定

为了调动学生学习的积极性，保证毕业生就业的顺利进行，学校一般会根据国家的政策要求制定若干补充规定，这也是毕业生应该了解和遵守的。

## （二）就业方法

### 1. 了解就业管理部门

要了解就业是由哪个机构来负责管理指导的。这样，当毕业生在求职过程中遇到困难和问题时，就可以向有关机构咨询。

### 2. 熟悉就业流程

了解就业开始、终止以及与企业沟通的流程；签订就业协议必须履行的手续，在学校规定的时间是否与用人单位签订就业协议等。

## （三）供求信息

（1）了解国家政治经济建设方针、任务和发展战略。了解产业的分类与结构，以及随社会发展产业结构的调整和变化趋势。了解职业的分类与结构，以及该职业发展的趋势，在国家建设的大背景下找到自己的正确位置。

（2）了解当年毕业生的总体供求形势，即在自己就读学校的区域内与自己同时毕业的学生有多少，用人单位的需求有多少。

（3）了解本专业的培养目标、发展方向、适用范围，对口单位的情况。

（4）了解与专业对口或相关的行业、部门和单位的现状和发展趋势。

（5）了解用人单位的信息。在中职学生选择单位时，往往会出现这样一些误区，对用人单位情况不甚了解，又没有一定的对比，于是在择业时带有很大的随意性和盲目性。如：有的只挑选大城市而不问用人单位的性质、业务范围；有的只盯着有"关系"的单位，企图靠"关系"得到聘用；还有的只图单位名称好听就盲目拍板等。要识别假象，对用人单位有比较客观的评价，就要掌握用人单位的信息。

---

◎ **职场小贴士**

一般来说，毕业生应该掌握以下几个方面的情况：

A. 用人单位的准确全称；

B. 用人单位的隶属关系，它的上级主管部门（指人事管理权限）；

C. 用人单位的联系办法：如人事部门联系人、联系电话、电子邮箱等；

D. 用人单位的所有制性质；

E. 用人单位需要的专业、使用意图、具体工作岗位及具体要求；

F. 用人单位的规模、发展前景、地理环境、经营范围和种类等；

G. 用人单位的福利待遇（包括工资、福利、奖金、住房等）。

---

对用人单位的信息掌握得越多，求职的选择机会就越多。对招聘单位了解得多一点，求职的成功的概率则会大一点。掌握和了解的用人单位的信息量越多，判断准确率越高；反之，则越低。所以，能否很好地收集、分析用人单位信息，是对毕业生知识和能力的一次检验。

## 二、就业信息的获取渠道

收集就业信息不能只靠在手机上翻看各类求职信息或在网上投递几封求职信。一般来说，这些办法的成功率并不高。要善于利用各种渠道、通过各种途径收集信息。

### （一）学校就业主管部门

> **小组讨论：**
>
> 这么多获取就业信息的渠道，哪一个渠道比较可靠、便捷，获取信息成功率最高？讨论一下吧！

学校招生就业处的就业信息具有准确、可靠、多样、具体的特点，是毕业生获取就业信息直接、有效、主要的途径。学校收集的信息都会及时传达给学生，或发布在学校网页的就业信息栏中。学生也可以就有关问题向就业中心咨询。

## （二）顶岗实习

顶岗实习是中职生就业的重要途径。在顶岗实习的过程中，通过自己的努力赢得用人单位的好感、信任，并直接谋得职位的中职生不乏其人。一般来说，实习单位比较对口，通过实习可以直接掌握就业信息，如果能在实习过程中与用人单位达成就业协议就更好了。

## （三）各级就业指导机构

各级就业主管部门和人才服务机构，是沟通用人单位和毕业生的桥梁和纽带，为毕业生提供就业服务。毕业生可通过其组织的定期或不定期的人才交流洽谈会、大中专毕业生供需见面会等活动获取需求信息，这也是获取信息的重要渠道。

## （四）社会各类人才市场

随着社会主义市场经济的发展，我国人才市场也应运而生。在那里，毕业生不仅可以了解到许多各类不同的机构和职位，而且可以获得锻炼面试技能和增强面试自信心的机会。

## （五）社会关系网

在寻找就业信息的时候千万不要忘记你周围的亲戚、朋友，以及朋友的朋友，也许他们会给你提供一些机会。实际上大多数用人单位更愿意录用经人介绍和推荐过来的求职者。他们认为这样录用进来的人比较可靠，如果你有这种机会最好不要放过。因此，在关键时候找个"关系"帮你推荐一下，也许是最为有效的。当然，关系要靠自己去发掘，途径也应该正当，切不可不择手段。

一般可以为你提供信息的主要有以下几类人。

### 1. 家长亲友

家长亲友提供的职业信息主要来源于其个人的社会关系，相对固定，也有相当大的局限性。同时，由家长及亲友提供的职业信息在数量上也有很大的差异。

### 2. 学校教师

本专业的教师，比一般人更了解毕业生适合就业的方向和范围，在与校外的行业、企业、公司合作开发科研项目和教学活动中，对一些对口单位的人才需求信息了解得比较详细。

### 3. 校友

校友提供的职业信息的特点是比较接近本校，尤其是本专业的毕业生在人才市场上的供求状况，以及其在具体行业中的实际工作、发展状况。特别是近几年毕业的校友，他们对职业信息的获取、比较、选择、处理的经验和竞争择业有亲身体会，这比纯粹的职业信息更具有参考和利用价值。

### （六）新闻媒体

每年毕业就业之际，杂志上一般都会刊登一些关于就业的指导信息。这些信息从不同侧面和角度反映了当年就业的需求情况。在传媒业高速发展的今天，广播、电视、报刊等新闻媒体都受到了招聘机构和求职者们的青睐。

### （七）计算机网络

网络人才交流最大的优势在于，即使求职者身在异地也能获得大量招聘信息及就业机会。网络人才交流，突破了人才信息与招聘信息沟通的种种限制，实现了跨越时空界限、打破单向选择的传统人才交流格局。

## 三、筛选、处理就业信息

在已经收集到的大量的就业信息中，由于信息的来源和获得的方式不尽相同，内容必然是杂乱的，有相互矛盾的，也难免有虚假不实的。求职者可结合自身的实际情况，对获得的信息进行去粗取精、去伪存真，取其精华，使信息具有准确性、全面性和有效性，更好地为自己择业服务。就业信息的筛选和处理可按以下几个步骤进行。

## （一）初步筛选就业信息

把那些从"小道"得来或几经转达而未经证实的信息与有根有据的信息区别开来。前者有待于进一步证实，后者则可以作为择业的参考依据。当然，在对信息进行比较的过程中，要根据自己的性格、兴趣、特长来分析，看看自己与哪些信息更吻合，哪个单位对自己的发展更有利等。

## （二）整理、归类就业信息

就业信息不仅仅是用人单位的需求信息，它涉及的范围很广。比如有的是关于就业方针、政策方面的信息，有的是与自己所学专业有关的信息，有的是关于需要人员的素质要求方面的信息等，要将其按照不同内容进行整理分类。

## （三）辨别、分析就业信息

一要识别真假，做可信程度的分析。就业信息是否准确，会影响择业人员的决定。信息不准，会给择业工作带来决策上的失误。一般来说，学校毕业生就业机构提供的信息可信度比较高。其他渠道得到的信息，因为受时间性或广泛性的影响，还需要进一步核实，才能判断其可信程度。

二要进行效度分析，对信息的可用性进行鉴别，要看这条信息能否为自己所用。比如自己所得到的信息是否在政策允许的范围之内、信息中所反映的对所需生源状况及人的素质要求是否合理等。

三是信息内涵分析。信息的内涵包括用人单位的性质、要求以及限定条件等。

◎ **职场小贴士**

**哪些招聘信息不可轻信？**

（1）过期或者虚构的职位空缺。

（2）头衔很高但无实际意义。

（3）薪资过高，远高于行业标准。

（4）岗位长期空缺。

（5）录用标准远低于行业标准。

（6）大量刊登同类型的招聘广告。

（7）打着高工资的幌子，实则固定工资很低。

（8）借助广告大量招聘新员工，以便日后短期内淘汰不合适的员工。

（9）广告语句有歧义。

## （四）及时反馈

收集到一条或多条信息后，要尽快分析处理并及时向信息发出者反馈意向。只有及早准备，尽快出击，才能在人才市场的激烈竞争中争取主动。有花堪折直须折，莫待无花空折枝。就业信息对毕业生来说十分宝贵，获得准确有效的信息后若能及时进行分析，则有助于在择业中做出正确选择。

总的来说，在做好信息准备的同时要考虑以下几个方面。

### 1. 要注意信息的广度、效度和信度

广度指扩大信息渠道，多方面多角度收集信息，增加信息量；效度指信息的各种要素是否齐备，尤其是时间上的要求及与切身利益相关的要素是否清晰；信度指信息的可靠性。一般说来，学校就业指导部门提供的信息信度较高，家长和亲友提供的信息效度较高。而同学之间就业信息的交流则可扩大信息的广度。

### 2. 要处理好内因和外因的关系

所谓内因，就是学生选择职业的自主性。作家柳青曾经说过："人生的道路虽然漫长，但紧要处常常只有几步，特别是当人年轻的时候。"可以

说，选择职业就是人生的紧要处之一，应当由学生自己决断。因为中职毕业生的自我评价、自我分析、自我判断的能力已基本形成，完全可以自主择业。外因这里指学校、家长、同学的帮助和影响。在分析信息、拟定和选择职业目标时，多听取亲友、老师、同学的意见，可以使决策更加正确和可行。在处理两者的关系上，中职毕业生既要防止"固执己见、盲目择业"的倾向，也要克服"人云亦云，依赖他人，缺乏主见"的倾向，力求在广泛征求意见的基础上，自主确定择业目标。

**3. 要做到果断、灵活**

由于确定决策与实施决策存在时间差，客观形势可能发生了变化，甚至变化很大，这就需要中职学生能做决断。在这个阶段，学校老师和同学的帮助作用就比较突出了，而家长往往鞭长莫及。例如，在毕业生供需见面会上，由于用人单位的需求变化，需要学生当场决断，及时签订协议书。很多同学就在就业指导的老师的帮助下，果断地决策，愉快地与用人单位签订了协议。也有不少同学犹豫不决，结果失去了择业的良机。

因此，信息时代，学会获得信息，准确判断信息，运用信息，对于个人的成长发展极为重要。希望大家能认识到信息收集、整理、分析、运用的重要性。

### 🕐 任务实施

#### 个人就业信息管理库

要求：使用办公软件，整理自己搜索到的就业信息，创建个人就业信息管理库，参照表1-1。

表1-1  就业信息管理库

| 发布时间 | 单位名称 | 单位形势 | 招聘专业 | 招聘人数 | 所在区域 | 联系人及电话 | 电子邮箱 |
|---|---|---|---|---|---|---|---|
|  |  |  |  |  |  |  |  |
|  |  |  |  |  |  |  |  |
|  |  |  |  |  |  |  |  |
|  |  |  |  |  |  |  |  |

## 📝 任务评价

**议一议**

以小组为单位，将就业信息管理库进行小组分享，说一说谁的比较全面。

**学以致用**

王海来自农村，在某中职学校就读。有一次，一位即将毕业参加工作的老乡对他说："小王，现在找一份好工作太难了，事非经过不知难，我这次就吃亏在动手太迟上，你以后要吸取我的教训。我这里有一些找工作留下的资料，你可以拿去看看。"小王一看，大部分是用人单位的情况介绍，还有一些发布就业信息的报纸和指导就业的刊物。他利用课余时间把它们翻了一遍，对求职知识和技巧有了一个大概的了解。他还细心地把用人单位的通信地址、电子邮箱和联系方式用一个小本子抄下来，心想也许将来用得着。

转眼间，小王还有一年就要毕业了，他开始不动声色地为找工作忙碌起来。他先是给一些师兄、师姐打电话，请他们提供其单位本年度的需求信息。然后他去了一趟班主任家，拜托班主任如果有合适的单位，请帮忙推荐推荐，并写下了两份自荐材料。他还到学校就业指导中心走了一趟，查询了一下学校本学期就业工作的安排和即将举行的各地人才交流会的信息。做完这些之后，他又根据自己收集的过去两年的需求信息，对用人单位的需求情况做了一番分析和预测，主动给今年有可能需要他这个专业毕业生的用人单位发送了求职信。

在春节前，各种渠道的信息慢慢反馈回来了。出乎他的意料，同时有多家公司愿意接受他前去实习，并对他如此熟悉公司的情况惊讶不已。王海最终选择了一家自己满意的公司去实习。就这样，当其他毕业生还在毫无头绪地收集信息的时候，王海已在计划着怎样走好进入社会的第一步了。

**思考：**是什么让王海在没有毕业就找到了自己满意的实习公司？

[拓展训练]

李倩文是某中职学校会计专业二年级的学生。她的学习成绩在班上名列前茅，生活中的她乐于助人，获得了教师和同学们的一致好评。可是，最近她却愁眉不展。原因是她的腿有轻微的残疾，现在即将毕业，她很怕用人单位会因为她身体的缺陷而拒绝聘用她。

**步骤一** 全班分为若干小组，假设李倩文同学是你的同班同学，你该对她说什么？

**步骤二** 小组分工，从国家政策上找出依据，解决李倩文的心头之忧。

**步骤三** 小组写一份总结报告，对相关的就业政策进行总结，并由教师点评。

# 项目二

## 熟悉岗位职责，选择合适职业

### ◁ 项目导引

2019 年 10 月，教育部等十四部门关于印发《职业院校全面开展职业培训促进就业创业行动计划》的通知指出：通过开展现代学徒制、职业技能竞赛、在线学习等方式，促进企业职工岗位技术技能水平提升。结合学校专业优势，以岗位技术规范为标准，以技术和知识更新调整为重点，加大对困难企业职工转岗转业培训力度。作为一名即将毕业的中职学生，应该提前熟悉岗位职责，以岗位技术规范为标准，寻找合适的职业。本项目主要从岗位职责说明书入手，带领同学们一起了解职业并寻找适合的职业。

### ◎ 项目目标

（1）制作你所学专业的岗位职责说明书。

（2）选择适合自己的职业。

# 任务一　制作岗位职责说明书

## ▶ 任务目标

（1）知道认清岗位职责的重要性。

（2）掌握本专业涉及的岗位所需的技能内容。

（3）制作本专业所涉及的岗位职责说明书。

## 👤 案例导入

### 工作职责不清引发的纠纷

机床操作工小王把大量的液体洒在机床周围的地板上。车间主任叫小王把洒在地上的液体清扫干净，小王拒绝执行。理由是岗位职责说明书里面并没有包括清扫的条文。车间主任找来服务工小吴来做清扫工作，服务工以同样的理由拒绝。勤杂工小黄勉强同意，但干完之后立即向公司投诉。

有关人员接到投诉后，审阅了这三类人员的岗位职责说明书，但说明书规定：操作工有责任保持机床的清洁，使之处于可操作的状态，但并没有提及清扫地板；服务工有责任以各种方式协助操作工，如领取原料和工具，随叫随到，即时服务，但也没有包括清扫地板；勤杂工的岗位责任说明书中确实包含了各种形式的清扫，但是他的工作时间是从工人正常下班后开始的。

**思考：**此案例中谁的做法应该给予肯定呢？

✎ **知识链接**

# 一、了解岗位环境

每一个新员工进入公司后，首先要弄清楚自己的职责和业务范围。岗位的适应即对岗位的性质、特点及要求的适应，也包括对劳动制度规范等的适应。其关键在于建立和强化职业角色意识。

要适应岗位的需求，首先要了解岗位环境。了解岗位环境能让新员工减少陌生感，主动去适应工作的各种要求，而不是被指派和安排。为了尽快熟悉工作环境，毕业生具体需要了解以下内容。

（1）了解组织文化、价值观和用人理念。只有了解和体会组织文化、组织的价值观和用人理念等，才能迅速理解组织的精神和宗旨，适应组织发展的步伐，快速融入组织。

（2）了解工作场所和工作设施。

（3）了解组织结构，包括领导结构和组织采用的管理模式。要知道部门的工作内容、上下级的请求汇报关系、直接上司、在具体工作中的联络人等。

（4）了解规章制度，包括财务制度、操作规范、人事制度以及工资福利待遇等。

# 二、明确岗位职责

（1）了解自己岗位的性质、意义和价值；确定自己的工作任务、职责和权限。对一些非常规性的、职责界限模糊的工作，可以先请示上级再做，以免好心办错事。

（2）掌握本岗位工作需要的业务知识和基本技能。

（3）了解工作单位和上司对自己的工作要求，包括工作态度、工作标准、价值观、行为方式等。

## 三、掌握岗位技能

毕业生在上岗前要了解岗位知识，掌握岗位所需的工作技能。只有在岗位技能培训合格以后，才能正式上岗。

### （一）熟悉职位与工作规范

可通过阅读企业制订的岗位职责说明书了解岗位的知识要求。岗位职责说明书对岗位进行了文字性的界定和说明。它具有明确工作职责与权限、工作目标、工作特点、任职人员资格等作用，能帮助任职人员了解其岗位情况、工作内容，明确其责任范围，并能为工作评价、人员招聘、绩效管理、培训与开发、薪酬管理等提供依据。

通常，一份完整的岗位职责说明书包括岗位基本信息、岗位职责概述、岗位具体工作内容、岗位考核标准、岗位权限、岗位任职资格和可晋升岗位。

---

◎ **试一试**

根据自己的岗位职责和要求制订一份适合自己的岗位说明书。岗位说明书至少包括以下三个方面。

第一，岗位说明书要列出上级指派任务的范围。毕业生在刚上岗实习的时候，要询问岗位制度和职责，明确实习工作项目和属性。

第二，将岗位所需要的能力囊括进去，并不断修正，自我对照。认清自己在这些方面发展得如何，哪些能力还需要进一步提高。

第三，将上下级关系列清楚：谁向你汇报，你又向谁汇报。

---

根据工作的进度不断调整和丰富说明书的内容，在工作之余可以进行学习和补充，不断完善自己，做好工作。

### （二）掌握岗位能力

岗位能力指新员工所在岗位所需的基本素质、岗位工作标准及操作要求，以及与前后工序的关系、对他人的影响等。下面介绍四大类岗位的基本能力要求。

### 1. 技术类岗位

技术类员工的工作内容主要是实际操作。因此要求员工有一丝不苟的工作态度，精益求精、追求完美的自我要求，善于创新的活跃思维，以及高超的技术水平和动手能力。

### 2. 服务类岗位

在服务类岗位上的员工既要做事又要待人。因此除了本岗位必备的技能外，还要有耐心、细致、做事到位等，具备良好的沟通技巧。

### 3. 管理类岗位

在管理岗位上的员工除了应具备基本的管理技巧外，还需要具备大局观和全局意识。同时在为人处世时，还需正直公正、善于沟通。

### 4. 销售类岗位

此类岗位对人才要求更全面。要求员工除具有销售技能外，还要熟知产品知识、商务礼仪、合同知识和市场知识。此外，沟通技巧、服务意识、急客户之所急的换位思考的观念、洞察力、决断力，以及顽强的毅力也是优秀的营销人员必不可少的重要素质。

## 四、适应职业岗位

岗位知识包括文化知识、专业知识、职业安全知识、职业卫生知识和职业道德。岗位技能包括专业技术能力和一般工作能力两方面。适应岗位的关键在于尽快完善岗位知识和增强岗位技能。

毕业生不可能在学校中学到工作岗位中所需要的全部知识。这是因为学校培养的是专门人才，而实际工作中碰到的问题往往是综合性的，涉及多学科、多领域的知识，社会需要的是"通才""复合型人才"。要使自己胜任工作，适应新环境，毕业生必须根据工作需要学习新知识，不断完善自己的知识结构。

### （一）要认真做好自己的本职工作

立足岗位，将自己所学的理论应用到实践中。以实践锻炼为基础，在实践中发现问题，找出不足，以解决困难。以解决工作中的瓶颈问题为动力，不断丰富自己的知识，提高自己的技能，达到以用促学、学用相长的目的。

### （二）要客观认识自己，虚心求教

很多初入职者无法快速完成知识到技能的转换。其中一个重要的原因在于对自己没有客观认识，没有意识到入职后仍然是一个不断学习的过程，或过于自负，或过于自卑。毕业生须抱着客观务实、谦虚好学的态度，在日常交流合作中，向领导、专家、师傅、同事等学习，不断拓展自己的知识面。

### （三）要做好规划

充分利用好业余时间，多渠道、多形式地加强有利于自身成长、发展的知识技能的学习，不断提高自己的道德修养和文明素养，以适应社会发展。

### （四）要注意总结反思，不断创新

在工作中的观察、总结和反思，就是很好的学习。初入职场，要自觉养成总结反思的习惯，紧密结合企业特点、岗位特征和自身实际，不断总结知识经验，反思创新工作方式方法，尽快适应企业发展步伐和要求。

### 🕐 任务实施

请根据以下的提示，按照表 2-1，描述你将来从事的工作岗位。

表2-1　岗位描述

| 序号 | 项目 | 提示 | 具体描述 |
|---|---|---|---|
| 1 | 岗位名称 | 所从事岗位的具体名称，说明岗位的具体工作内容。 | |
| 2 | 岗位活动的程序 | 包括所完成的工作任务、工作职责、完成工作所需要的资料、机器设备与材料、工作流程、工作中与其他工作人员的沟通联系以及上下级关系等。 | |
| 3 | 工作条件和物理环境 | 包括正常的温度、适当的光照强度、通风设备、安全措施、建筑条件，地理位置等。 | |
| 4 | 社会环境 | 包括工作团体的情况，社会心理气氛，同事的特征及相互关系，各部门之间的关系等。此外，还包括企业和组织内以及周围的文化和生活设施。 | |
| 5 | 职业条件 | 包括工资报酬、奖金制度、工作时间、工作季节性、晋级机会、进修和提高机会、该工作在本组织中的地位以及与其他工作的关系等。 | |

## 📝 任务评价

议一议

以小组为单位，分析本专业岗位职责并进行小组分享，说一说谁的职责分析最全面。

学以致用

某冶炼厂给料系统由一台输送机送料，原料经颚式破碎机破碎后进入下一道工序。某日夜班（零点至早上八点），职工王某在此岗位负责操作。由于当晚所破碎的大块原料较多，破碎机难以吃进。遇到大块的矿石必须停机将其取出，人工用大锤将其砸成小块。按正常给料时的操作，要完成当班生产任务要五个多小时。而此时距离下班时间还有两小时，王某才完成当班工作任务的60%左右。凌晨六时左右，一块大料进入破碎机，王某看到破碎机在不停空转，矿石没有下去，便将输送机停下径直走到破碎机进料口，左脚踩在操作台边缘，右脚使劲往破碎机进料口踩矿石。石块终于被挤压进去，但由于王某用力过猛，他的右脚也进入了破碎机，脚踝以下全部被夹碎。

王某为了尽快完成当班生产任务，违章操作。按照该厂破碎机操作规程规定，破碎机被料卡住时，必须停机处理。而王某未采取停机处理措施，而是用脚踩大块矿石，从而导致此次事故发生。

**思考：**该事故发生的原因是什么？在工作岗位上我们要具有什么意识？

# 任务二　选择适合自己的职业

## ▶ 任务目标

（1）了解职业的分类与发展趋势。

（2）学会选择职业。

## 👤 案例导入

### 大连80后技术能手：梁伟

1999年，刚进入大连重工减速机厂时，梁伟只是一名机床操作工。和他接触过的人都知道，梁伟骨子里有股不服输的劲儿。凭借勤勉好学、刻苦钻研的劲头，80后的他，如今变身机械加工领域的技术能手、工人专家、国家级技能大师工作室领创人。

在技校读书时，梁伟的成绩也算名列前茅。但进入工作岗位，他猛然发现，以前在课本上学到的知识不好用了！要想胜任岗位工作，唯有继续学习。

梁伟的专长是车床操作，随着传统车床向数控升级，梁伟必须尽快掌握新的操作技能。他白天上班的时候，一有空就往那些有一技之长的员工身边凑，为的就是向他们请教车镗削加工技巧、刀具选择和应用窍门等。晚上回家，他也没闲着，家里摆满了机械加工的书籍，一有空他就查资料、做笔记。坚持到现在，他累计写下的笔记多达十几万字。

"好问"是工友们对梁伟最深的印象。即便在国外进行技能培训，梁伟也追着外国专家刨根问底。专家们也被他这种好学的精神感动，破例为他答疑解惑，甚至与他进行讨论研究。

为了学技术，除了上网、买资料自学，梁伟还到大连技师学院和大连轻工业学院，找专业老师答疑解惑、切磋技艺。他的媳妇总是埋怨，加那么多班，怎么工资也不见涨。后来才知道，梁伟为了拜师学艺没少往里搭钱。

　　现在回想起那段发奋求知的岁月，梁伟每每都要落泪。"操作的设备越来越先进，就我这点文化水平，要想不断改善、创新，不学习能行吗？"梁伟感慨地说："自己还有很多东西要学，越学越觉得自己提升空间越大。"

　　思考：是什么让梁伟取得了如今的成功？

## 🔗 知识链接

# 一、我国职业的分类

　　职业分类是采用一定的标准和方法，依据一定的原则，对从业人员按照从事工作类别和性质进行全面、系统的划分。职业分类是形成产业结构、产业组织及产业政策的前提，也是择业者了解职业、认识职业特点，并结合自身情况切合实际地选择职业的前提。

　　2022年，我国颁布的《中华人民共和国职业分类大典》（以下简称《大典》）包括大类8个、中类79个、小类449个、细类（职业）1636个。与2015年版《大典》相比，增加了法律事务及辅助人员等4个中类，数字技术工程技术人员等15个小类，碳汇计量评估师等155个职业（含2015年版《大典》颁布后发布的新职业）。

　　此次《大典》修订对2015年版《大典》确立的8个大类总体结构不做调整。具体来说，围绕数字经济、绿色经济、制造强国和依法治国等要求，专门增设或调整了相关中类、小类和职业。与此同时，根据实际，取消或整合了部分类别和职业，例如：将报关专业人员和报检专业人员2个职业，整合为报关人员1个职业；取消了电报业务员等职业。

　　新版《大典》的一个亮点就是首次标注了数字职业（标注为S）。数字职业是从数字产业化和产业数字化两个视角，围绕数字语言表达、数字信息传输、数字内容生产三个维度及相关指标综合论证得出的。标注数字职业是我国职业分类的重大创新，对推动数字经济、数字技术发展以及提升全民数字素养，具有重要意义。新版《大典》中共标注数字职业97个。新版《大典》沿用2015年版《大典》做法，标注了绿色职业133个（标注为L）。新版《大典》中，既是绿色职业又是数字职业的有23个（标注为L/S）。职业结构分别是：

第一大类　党的机关、国家机关、群众团队和社会组织、企事业单位负责人

第二大类　专业技术人员

第三大类　办事人员和有关人员

第四大类　社会生产服务和生活服务人员

第五大类　农、林、牧、渔业生产及辅助人员

第六大类　生产制造及有关人员

第七大类　军队人员

第八大类　不便分类的其他从业人员

在八个大类中，第一、二大类主要是脑力劳动者，第三大类包括部分脑力劳动者和部分体力劳动者，第四、五、六大类主要是体力劳动者，第七类就是军人，第八类是不便分类的其他劳动者。

若想选择某个职业，可以查看《大典》，弄清这个职业包括哪些工作人员，主要工作是什么。如果已经了解了这些要求，自然就心中有数了，可以减少选择的盲目性。如果又有这方面的兴趣和爱好，就可下决心了，达到"慎始而无后忧"之效。

## 二、职业资格

职业资格是对将要从事某一职业的劳动者所必备的学识、技术和能力的基本要求，包括从业资格和执业资格。从业资格指从事某一专业

（工种）所需要学识、技术和能力的起点标准，如教师资格、导游资格等。执业资格指政府对某些责任较大、社会通用性强、关系公共利益的专业（工种）实行准入控制，依法独立开业或从事某一特定专业（工种）必备的学识、技术和能力标准，如执业医师、注册会计师等。

人力资源和社会保障部公布的《国家职业资格目录（2021 年版）》包含专业技术人员职业资格 59 项，其中准入类 33 项，水平评价类 26 项；技能人员职业资格 13 项。准入类职业资格关系公共利益或涉及国家安全、公共安全、人身健康、生命财产安全，有法律法规或国务院决定作为依据；水平评价类职业资格具有较强的专业性和社会通用性，技术技能要求较高，适于行业管理和人才队伍建设。

专业技术人员职业资格和专业技能人员职业资格都是对从事某一职业所必备的学识、技术和能力的基本要求。部分专业技术人员评聘职称，需要先取得专业技术资格。职称分为初级职称（员级、助理级）、中级职称和高级职称（副高级、正高级）。比如，中小学教师职称设置从三级教师到正高级教师 5 个等级，依次为三级教师、二级教师、一级教师、高级教师和正高级教师。技能人员资格分为初级技工、中级技工、高级技工、技师和高级技师五个等级。参加职业技能鉴定的人员，可向当地职业技能鉴定中心或其授权的职业技能鉴定所提出申请。申请人要填写职业技能鉴定申请表，同时需要出示身份证、培训毕业（结业）证书、职业资格证书，以及工作单位劳资部门出具的工作年限证明等。

其实，每位就业或创业的中职生，都不妨根据自己的职业兴趣，先从几大产业群、若干个行业门类中寻找大致方向，再一步步地细化，使自己的就业、创业目标既明确具体又对口，成功的概率就增大了。

◎ **拓展阅读**

"1+X"证书

2019 年 1 月，国务院印发《国家职业教育改革实施方案》，明确提出从 2019 年开始，在职业院校、应用型本科高校启动"学历证书 + 若干职业技能等级证书"制度试点（以下称"1+X"证书制度试点）工作。

什么是"1+X"证书？

"1"为学历证书，"X"为若干职业技能等级证书。学历证书能反映其受学校教育的水平。职业技能等级证书是毕业生、社会成员职业技能水平的凭证，反映职业活动和个人职业生涯发展所需要的综合能力。"1"是基础，"X"是"1"的补充、强化和拓展，书证相互衔接融通正是"1+X"证书制度的精髓所在。

## 三、职业发展趋势

知识就是财富的时代已经到来，产业结构、行业结构、社会经济结构，以及由此决定的职业结构发生了巨大变化。职业越来越往高科技化、智能化、专业化方向发展。职业的发展趋势主要表现在以下几个方面。

### （一）职业种类日益增多

随着社会生产力的发展，社会分工越来越细，职业的种类越来越多，职业的差别也越来越大，呈现出多样性，已远远超过了"三百六十行"。

### （二）职业结构变化加快

经济快速发展，使职业结构变化加快。人类从农业经济时代到工业革命时代经历了数千年。而从 1946 年第一台电子计算机问世到今天，仅仅用了不到 60 年时间。工业革命时期，最发达的是纺织业。一直到进入 20 世纪，钢铁、汽车和建筑业才先后超过纺织业。21 世纪，知识经济时代的发展，又将使职业结构发生又一次巨大的变化。

## （三）脑力劳动职业增加

随着教育、文化、科学技术的发展，脑力劳动者逐渐多了起来。进入20世纪后，脑力劳动职位在社会职位中所占比重越来越大。在我国表现得也比较明显，20世纪80年代，平均每6个从业人口中有1个脑力劳动者，近年来上升为每5个从业人口中就有1个脑力劳动者。

## （四）对劳动者素质的要求越来越高

当今世界经济竞争异常激烈，经济竞争的基础是科学技术的竞争，而科学技术的竞争根本上是人才的竞争。因此，为了能够在竞争中取胜，各个部门、各用人单位对劳动者的要求越来越高，知识型的劳动者备受青睐。所谓知识型劳动者指掌握一定科学知识，又有很强的动手操作能力的劳动者。他们接受过正规教育，拥有一定的理论知识和分析、动手能力，是体力劳动和脑力劳动的结合者。因此，劳动者必须努力学习专业知识和技能。

## （五）第三产业不断发展

随着市场经济体系的建立和完善，我国的经济结构进行了战略性调整。产业结构中，第三产业将得到长足的发展。加快第三产业的发展是我国的重要经济政策。因此，与第三产业有关的职业，将得到较快发展。

产业的发展，将给毕业生提供广阔的就业、创业舞台。对于劳动者而言，职业的变化和发展既是机遇，又是挑战。只有适应职业的发展趋势，使自己的能力满足市场的需要，才能实现自己的人生理想。

> **职业取向测评**
>
> 测评方法：根据自己的第一印象，依次选择对下列职业或活动的偏好。其中，①表示非常不喜欢，得-3分；②表示稍微不喜欢，得-2分；③表示无所谓，得1分；④表示比较喜欢，得2分；⑤表示非常喜欢，得3分。每项只可做1个选择，注意：回答时一定要迅速、随意，不要过多考虑。

（1）策划企业活动　选择：①②③④⑤　（2）参加联谊活动　选择：①②③④⑤

（3）做促销活动　选择：①②③④⑤　（4）调解邻里纠纷　选择：①②③④⑤

（5）做销售经理　选择：①②③④⑤　（6）为公益事业做义务宣传　选择：①②③④⑤

（7）做企业经营顾问　选择：①②③④⑤　（8）当教师　选择：①②③④⑤

（9）做投资商　选择：①②③④⑤　（10）做职业咨询顾问　选择：①②③④⑤

（11）做市场营销策划　选择：①②③④⑤　（12）安慰别人　选择：①②③④⑤

说明：以上 12 题主要测试求职者的职业取向和社交取向。职业取向中，6—12 分为较低，13—24 分为中等，25—30 分为较高；社交取向中，6—12 分为较低，13—22 分为中等，23—30 分为较高。

一般来说，职业取向得分高的求职者，热爱交际、冒险，精力充沛，乐观、和蔼、细心、抱负远大，喜欢诸如推销、服务、管理类型的工作。他们往往具有领导才能和口才，对金钱和权力感兴趣，喜欢影响、控制别人，喜欢与事物打交道。社交取向得分高者，大多热情、友善、耐心、慷慨，乐于助人，有责任心，善于合作，富有理想，喜欢社会交往性工作，如教师、护士、咨询顾问等，喜欢周围有别人的存在，对别人的事很感兴趣，乐于帮助别人。

## 🕐 任务实施

根据个人特色，选择适合的职业种类（表 2-2）。

表 2-2　选择职业

| 选择职业必须考虑的因素 | 适合自己的职业种类 | 选择此种职业的原因 | 该职业未来发展趋势 |
| --- | --- | --- | --- |
| □职业的社会地位 | | | |
| □对社会、国家的贡献 | | | |
| □收入的多少 | | | |
| □社会需要与个人条件的有机结合 | | | |
| □职业要求与个人特性是否匹配 | | | |
| □单位离家的远近 | | | |
| □劳动强度是否适中 | | | |
| □工作环境是否舒适 | | | |
| □是否有出国深造的机会 | | | |

## 任务评价

议一议

以小组为单位，分析如何选择适合自己的职业，并进行小组分享。

学以致用

刘平是一名普通的中职生，在毕业供需洽谈会上，他收到8家幼儿园的聘用邀请，这让许多人都很吃惊。在中职学生都为就业发愁时，他却受到青睐，这是为何？在刘平刚进入中职学校学习时，父亲建议他学习与机械有关的专业，但是他觉得机械专业并不适合自己，他认为幼儿教师多由女性担任，从事幼儿教育的男教师不多见，反而是一个机遇。父亲很生气，但拗不过倔强的刘平，只能让他学习幼儿教师专业。

步骤一　全班分为若干小组讨论，假设刘平同学是你的同班同学，你想对他说什么？

步骤二　小组写一份如何选择适合自己职业的报告，并由教师点评。

拓展训练

根据自己所学专业，完成表2-3。

表2-3 适合岗位分析

| 职业理想 | | | | |
|---|---|---|---|---|
| 适合自己的职业 | | | | |
| 适合自己的岗位 | | | | |
| 因素 | 个人已具备的条件 | 个人所欠缺的条件 | 改进措施 | 实施时间 |
| 专业知识 | | | | |
| 专业技能 | | | | |
| 职业资格 | | | | |
| 身体素质 | | | | |
| | | | | |
| | | | | |

# 项目三

## 掌握就业技巧，准备求职应聘

### ◁ 项目导引

简历是求职者的立体自画像。准备一封高水平的求职简历，会使求职者顺利闯过求职的第一关；而一封水平不高的求职简历，则会使求职者失去机会。如何发挥自己的优势，得到进入职场的通行证？在本项目中，我们将具体学习毕业生应掌握的就业技巧、准备的就业材料，以顺利取得职场的入场券。

### ◎ 项目目标

（1）学会写求职信和求职简历。
（2）掌握就业的笔试和面试技巧。

# 任务一  撰写就业求职材料

## 任务目标

（1）掌握求职材料的撰写格式和注意事项。

（2）能够写出规范、新颖的求职信和求职简历。

## 知识链接

求职简历有投石问路的作用。能否敲开用人单位的大门，要看简历的写作水平，看求职者在简历中怎样展示自己。求职简历就是求职者和用人单位的"初次见面"。一封高水平的求职简历，会使求职者顺利闯过第一关；而一封水平不高的求职简历，则会使求职者失去机会。一个受用人单位青睐的求职者，往往是那些善于表现自己，让对方感到他适合这一工作。而写求职简历的目的就在于此。

### 一、求职简历的重要性

求职简历是招聘单位了解求职者客观情况的重要材料，是用来支持求职申请、证明求职者适合担任所申请的职位的重要资料。求职申请反映求职者的主观情况和求职意向，而求职简历反映求职者的客观情况。求职简历与一般的简历不同。它并不是简单地记录求职者曾经做过什么，而要根据求职需要来展示求职者的身份、学业、经历、工作经验和特长，以利于给招聘单位留下一个深刻的印象，达到进一步推销求职者的目的。

### 二、求职简历中应体现的内容

（1）身份详情，即求职者的姓名、性别、年龄、籍贯、民族、政治面貌、健康状况、家庭与婚姻状况、主要社会关系、联系地址、邮编、电话等。

（2）学习情况，包括就读学校、专业、学习时间、主要证明人姓名、开设课程与学习成绩（应结合应聘职位突出重点和强项）、所获得的证书或职业培训的资料等。

（3）相关经历，包括实习、担任社会工作、参加社会活动等内容，尤其要突出与应聘职位有关的工作经历和工作成绩。内容要具体，证据人要翔实。

（4）兴趣特长。重点是与求职相关的特长或兴趣爱好，包括专业技术特长和一般性特长，如外语、计算机、普通话、写作等。

## 三、撰写求职简历的注意事项

### （一）内容简洁，突出重点

简历要真实反映求职者的情况，切忌事无巨细、面面俱到，要突出重点。与应聘职位有关的学习、实习、社会活动等经历要叙述清楚，对获得的荣誉和特殊成绩要特别突出。不要以想象、夸张的写法粉饰自己。要反复修改、删除多余的内容，做到基本情况清楚，关键内容突出。

### （二）紧扣条件，扬长避短

毕业生要根据应聘职位的要求，合理安排简历，突出叙述应聘职位所具备的优势、特长，以引起对方重视。如准备应聘营销员职位，根据"具有实际销售经验"等职业要求，在表述上要把与营销相关的经历放在首位。突出自身优势，适当回避不足。如果一开始就写自己的不足，可能会使招聘单位失去兴趣。

### （三）字迹规范，别具一格

制作简历要在编排上多下功夫，字迹要规整，以打印为宜（特殊要求除外）。不要出现错别字或有涂改痕迹。可设计引人注目的封面。所提供的标准照片，应能反映求职者的精神面貌，切忌提供戴墨镜的照片或背景杂乱的照片。

### （四）材料充分，货真价实

凡能证明自己能力的材料都要收集齐全，证明材料要真实可靠，注意加盖公章，材料的出处要注明。如果有特别需要，可提供公证过的一些材料复印件。常用的证明材料有成绩单、技能等级证书、获奖证书、实习或工作鉴定以及其他与求职有关的证明等。证书的编排可按年份进行，证明材料应提供复印件，原件要妥善保存。

### （五）注意用词，适可而止

有些求职简历虽然文笔通顺、字迹工整，但对方看起来内心总有些不悦，甚至反感。最常见的问题：一是限定时间。如"敬请某月某日前复信为盼"等，表面上看相当客气，可是却给对方限定了时间，容易引起反感。二是强迫口吻。如"盼望获得贵单位的尊重和考虑"等，好像对方如果不接受你就是不尊重你，这当然是对方难以接受的。三是以上压下。如"贵单位总经理（或某级领导）某先生要我直接写信给你"或"某师长很关心我的求职问题，特让我写信找你"等，会给人一种"既然如此，何必多此一举"的感觉，你的求职简历很可能就马上进行了废纸篓。四是自认为了不起。如"现有几家公司欲聘我，所以请你从速答复"。这样往往可能会激怒对方而将求职简历直接扔掉。

## 四、求职信和自荐书的书写格式

### （一）求职信

求职信作为一种信函，也应具有一般信件的书写格式。它主要由称谓、开头、主体、结尾、致敬语、署名和日期组成。

### 1. 称谓

称谓即对接收并阅看信件的人的称呼。一般来说，如果不清楚收信人，可以直接写上"尊敬的领导"；如果要写具体的称呼，就要特别注意此人的姓名和职务，书写要准确，不能马虎。如果对用人单位有关人员的姓名不熟悉，那么在求职简历中可以直接写阅信人的职务头衔，如"××集团公司负责人"。

求职信的目的在于求职，因而要求称谓严肃谨慎，有礼貌。既不能随随便便，又不能过分亲昵，以免有阿谀奉承、唐突之嫌。

称谓后的问候语一般应为"您好"而非"你好"，更不能用"您们好"。因为这样称呼，反而会使他们认为你才疏学浅，连基本的常识都不知道。

### 2. 开头

求职信的开头应开宗明义，自报家门，直截了当地说明求职意图，使信的主旨明确、醒目，引起对方注意，如"我是×××中职学校即将毕业的学生，想在贵公司谋求一份职业"。

### 3. 主体

主体是求职信的重点，书写形式多样。主要内容一般包括求职者姓名、学历、毕业学校、专业、求职理由和目标；重点介绍求职者应聘、应征或寻求工作的条件，突出自己的重要成绩、特长、优势及与所求职岗位的匹配性；阐述自己的敬业精神；简单介绍自己的个性。总之，要做到告知情况，突出重点，言简意赅，具有吸引力和新鲜感，语气自然。

### 4. 结尾

求职信的结尾，要进一步强调求职的愿望，希望用人单位给予考虑，或希望前往面谈、接收单位的进一步考察等。无论如何表述，都要注意用语恰当、得体，掌握分寸，以免留下不好的印象。

### 5. 致敬语、署名和日期

求职信是打开用人单位的第一把钥匙，所以要讲究必要的礼节。在正文结束后，可写上一句祝福语。或在正文结束后，紧接着在下一行空两格，写上"此致"，后面不打标点，再在"此致"的下一行，顶格书写"敬礼"二字，后面用感叹号。同时在致敬语右下方，签署求职者的姓名及具体日期。

若是手写署名，要注意两点：一是不要过分恭敬，如写"您忠实的侍者：×××"等，有意地贬低自己；二是字迹工整，简单、大方最好。

---

**求职信**

尊敬的领导：

您好！

请恕打扰。我是一名刚刚从××中职学校会计电算化专业毕业的中职生。我很荣幸有机会向您呈上我的个人资料。在投身社会之际，为了找到符合自己专业和兴趣的工作，更好地发挥自己的才能，实现自己的人生价值，谨向各位领导做自我推荐。

作为一名会计电算化专业的学生，我热爱我的专业并为其投入了巨大的热情和精力。在三年的学习生活中，我学习了从会计学基础到运用方面的知识。通过学习，我对会计学领域的相关知识有了一定程度的理解和掌握。在与课程同步进行的各种相关实践和实习中，我有了一定的实际操作能力和技术。我知道计算机和网络是将来工作的工具，在学好本专业的前提下，通过学习相关知识，我能熟练地操作计算机。在校期间，我取得了会计电算化证、英语等级证、计算机等级证和会计上岗证。

我正处于人生中精力最充沛的时期，渴望在更广阔的天地里展露自己的才能。我不满足于现有的知识水平，期望在实践中得到锻炼和提高，因此我希望能够加入贵单位。我会踏踏实实地做好自己的工作，竭尽全力地在工作中取得好的成绩。我相信经过自己的努力，一定会为单位做出应有的贡献。

感谢您在百忙之中所给予我的关注，愿贵单位蒸蒸日上。祝您百尺竿头，更进一步！

希望各位领导能够对我予以考虑，我热切期盼你们的回音！

此致

敬礼！

求职人：×××谨上

××年××月××日

---

## （二）个人简历

个人简历能将个人的情况展现在招聘者面前，让用人单位对求职者有一个简要、清晰的了解。一份优秀的简历是就业的助推器。个人简历有表格式、提纲式和个性化式（如名片式和视频式）3 种。常用的有表格式和提纲式，表格式个人简历如下（表 3-1）。

表 3-1  个人简历

| 姓名 | ×××| 性别 | 男 | 民族 | 汉族 | 贴相片处 |
|------|------|------|------|------|------|------|
| 专业<br>名称 | 机械制造自动化 | | | 出生<br>年月 | ××× | |
| 政治<br>面貌 | 团员 | 学历 | 中职 | 身高<br>（cm） | ××× | |
| 通信地址 | ××× | | | 邮政编码 | ××× | |
| 联系电话 | （宅电）×××<br>（手机）××× | | E-mail | ××× | | |
| 求职意向 | 相关机械行业工作；相关的机械制图操作 | | | | | |
| 个人简历 | ×× 年 ×× 月，在 ×× 中职学校就读机械制造自动化专业 | | | | | |
| 兴趣爱好 | 旅游、运动、电脑 | | | | | |
| 计算机水平 | 熟练掌握 AUTOCAD2007 绘图软件；能够熟练运用办公软件 | | | | | |
| 技能证书 | 计算机 NIT 证书、英语 B 级证书、普通话（二级乙等）、数控车工证书及电工证（正在考取中）、汽车驾驶证书（正在考取中，C1） | | | | | |
| 社会实践 | 高中暑假期间在 ××× 做建筑工人；<br>××× 年 ××× 月在 ×× 光伏电厂做建筑工人；<br>××× 年 ××× 月在 ××× 动力机械有限公司实习。 | | | | | |
| 自我评价 | 做人诚实，做事积极认真；具有较强的组织能力、社交能力和良好的合作精神；与同事相处和睦融洽，乐于助人，对工作认真负责；具有较强的沟通能力和适应能力，并具有良好的身体素质；善于大胆假设、小心求证。 | | | | | |

### （三）自荐书

自荐书与求职信不同。求职信里"求"的目标明确，即已知招聘单位和招聘的具体岗位；而自荐书是暂无具体的目标，适合在人才招聘会使用。

（1）自荐书内容和书写方法大致与求职信相同。不同的是自荐书首段没有具体单位和岗位。

（2）写自荐书时要实事求是，恰如其分，切忌夸夸其谈、自我炫耀，也不要过于谦虚，缺乏自信；要突出重点，展示风采。书写态度要诚恳、热情，体现积极进取的精神。

**自荐书**

尊敬的招聘主管：

您好！我是××中职学校市场营销专业的学生，我愿尽所能为贵公司的发展贡献自己的力量。

我深知，机遇只垂青于有准备的人。在校期间，我抓住一切机会学习各方面知识，锤炼各方面的能力，使自己朝着现代社会所需要的、具有创新精神的复合型人才发展。我的英语水平达到公共英语三级，计算机通过国家等级考试二级，并连续两年获得奖学金。在努力学习专业知识的同时，我还广泛学习了法律、文学等领域的知识。

作为一名校学生会干部，我注重自己能力的培养。乐观、执着、拼搏是我的航标；在险滩处扯起希望的风帆，在激流中凸显勇敢的性格，是我的人生信条。由我创意并组织的学校首届"金秋文化节"活动得到了老师和同学的认可。我利用假期先后在地方工厂、企事业单位进行了社会实践，我的实习论文被评为"优秀实习论文"。这些经历为我走入社会，参与商业经营运作奠定了良好的基础。通过社会实践，我还从中获得了与人相处的经验。

现在，我即将走入社会，期盼着以满腔的真诚和热情加入贵公司。

此致

敬礼！

自荐人：×××

××年××月××日

**（四）毕业生推荐表**

毕业生推荐表是证明持表人应届毕业生身份的重要材料。它是由毕业生填写、学校审核并签章的权威性书面就业材料，每位毕业生仅一份。在求职过程中，这份材料用人单位必看，因此应认真对待。

**1. 填写注意事项**

（1）字迹整洁。填写时要用黑色钢笔或黑色水性笔，不可用圆珠笔或其他颜色的笔来填写。字迹要工整，切忌涂改。填写表格文字大小一致，在栏中居中靠下排列。

（2）内容翔实。个人的能力、水平、获奖、表现情况等一定要如实填写。隐瞒或弄虚作假，不但会使你失去就业机会，也会失去个人的诚信。

（3）推荐表上要贴一寸头像相片，要求是近期的照片，以穿职业装且能展现青春朝气、稳重自信的照片为宜。

（4）填写完整后交给学校审核盖章，以示权威。

**2. 推荐表的使用**

推荐表每人仅一份，原件要妥善保管好。求职时先用复印件。原件和复印件都不可褶皱、弄脏。

### 🕐 任务实施

要求：按标准格式写一封 500 字左右的求职信，并根据自己的情况填写毕业生求职登记表。

### 📝 任务评价

议一议

以小组为单位，将所写求职登记表进行小组讨论，说一说谁的求职表写得最好。

学以致用

查找以下求职信的问题。

×××服装有限公司：

前天接到我的老同学×××的来信，说贵厂公开招聘生产管理员。我是×××学校企业管理专业的毕业生，在校读书时，学习成绩优良，爱好体育运动，是学校篮球队的成员。贵厂就设在我的家乡，我想，调回家乡工作正合我的心意，而且生产管理员的职务也和我所学的专业对口。不知贵厂是否同意，请立即给我回信。

此致

敬礼

张晓上

××年××月××日

**思考：**这份求职信有问题吗？如有，请指出。

# 任务二 掌握就业求职技巧

## 任务目标

（1）了解求职者应具备的心理素质。

（2）理解求职中应该注意的事项。

（3）掌握就业笔试、面试技巧。

## 案例导入

### 小南的遭遇

6月的一天，快毕业的学生小南接到电话，对方称自己是一家公司的人事部经理，在网上看到了她的简历，约她出来面试。小南很高兴，因为她刚在网上留了求职意向就有回音了。隔日，她依约来到面试地点。等了一会儿，小南手机响了起来："小南吗？我是人事部经理。我有事暂时来不了，先让公司的小丁去接你，我尽快赶过来。"

很快，小南就找到了小丁，二人在附近的一家麦当劳里坐了下来。此时，"经理"又打来了电话："请让小丁接一下电话，我找他要公司银行卡账号密码，他的手机没电了！"小南不知有诈，欣然递出了手机。小丁接过电话，走到了一边。考虑到公司账号不宜让外人知道，因此小南也没发现有什么异常。可等她再向小丁方向看时，却发现小丁已经不见了。不见的，当然还有自己的手机。

思考：小南受骗的原因是什么？我们在求职过程中，应如何避开求职陷阱？

## 知识链接

# 一、求职笔试技巧

## （一）求职笔试种类

### 1. 专业考试

对于一些专业性要求比较高的岗位，需要通过笔试再次对毕业生的专业水平进行考核。例如，外贸、外资企业招聘职员一般要考外语水平，医院招聘护士要考护理专业知识，食品检验员要考食品检验、化验知识等。

### 2. 心理测试

心理测试是某些心理特征有要求的特殊职业对招聘人员进行的心理素质测试。一般用事先编制好的标准化问卷对应试者进行考核，根据完成的数量和质量来判定其心理水平或个性差异。心理测试主要考核应试者的态度、兴趣、动机、智力、个性等心理素质。有些用人单位还对应试者进行智商测试。智商测试的目的主要是考查应试者观察问题的能力、综合分析能力和思维反应能力。

### 3. 技能测试

技能测试主要考核应试者能否熟练操作和使用岗位所要使用的设备等。

## （二）笔试前的准备

### 1. 知识准备

毕业生在校期间应努力学习，掌握专业知识和技能，不能指望"临时抱佛脚"，靠"猜题押宝"取胜。注意多方面的知识积累，多了解社会新技术、新信息，了解专业行情和应聘岗位应具备的知识。

### 2. 保持良好的心理状态

求职笔试是用人单位挑选应聘人员的重要参考。临考前，要有信心，调整好心理状态，保持充足的睡眠和良好的情绪，以充沛的精力去参加考试。

## （三）应对笔试的方法和技巧

笔试的主要内容首先是基础知识和专业技能知识，其次是心理及能力测试，最后是有关专业及用人单位的知识。求职者在参加笔试时要特别注意以下几点。

### 1. 增强自信心

笔试怯场，大多是缺乏自信心所致。客观冷静地对自己进行正确评估，就能克服自卑心理，增强自信心。招聘单位对笔试结果的认定也不尽相同。

### 2. 做好笔试前的准备

考生提前熟悉考场环境，有利于消除应试时的紧张心理，还应熟知考试注意事项，尽量按要求做好准备。除携带必备的证件（身份证、学生证、准考证等）外，一些考试必备的文具（钢笔、铅笔、橡皮、格尺等）也要准备齐全。另外，考试前要有良好的睡眠，以保证有充沛的精力和良好的状态。

◎ **职场小故事**

某知名企业招聘经理秘书，求职信和简历如雪花般飞来。而该经理对性别、相貌，甚至外语都没有特别的要求，他只要求秘书做人和做事都值得信赖。

在对简历进行了初步的筛选之后，企业通知了 15 位候选人来面试。面试约定在上午 10 点钟，其实在面试前还安排了笔试，但他们并没有在电话中提醒应试者。笔试也没有设监考人员，由应试者自行答题。

结果，5 位没有带笔的应试者首先被淘汰出局。公司在笔试考场入口处准备了签到表，由各人签上自己的名字和到达的时间，旁边仍然无人监督。其中，有 3 人因签了与实际情况不符的虚假到达时间而被淘汰，2 人因迟到被淘汰，还有 2 人因在考试期间跟外界通电话被淘汰。余下的 3 人，考官仔细阅读了他们的试卷和求职的资料。一人试卷答得不错，字体棱角分明，但卷面不够干净；一人试卷答得不理想，但所带来的以前写的作品不错；最后一人试卷答得中规中矩，字体俊秀，虽然没有带来以前发表的作品，但答题十分有条理。

最终，公司选择了最后的那个应试者。事实表明，公司没有看错人，他入职后的工作得到了经理的好评。

面试时考察的不仅仅是应聘人员对专业知识的掌握，更多是他在日常生活中的习惯。而好的习惯会成为应聘人员成功就业的法宝。

### 3.掌握科学的答卷方法

拿到考卷后，首先应通览一遍，了解题目的多少和难易程度，以便控制答题速度。再按照先易后难的原则排出答题顺序，先做相对简单的题，再攻难题。这样就不会因为攻难题费时太多而没有时间做会答的题目。最后，要尽可能留出时间对易出错的地方进行复查，特别注意不要漏题。另外，需要提醒求职者注意的是，卷面字迹要力求认真清晰，书写过于潦草、字迹难以辨认或涂涂改改也会影响考试的成绩。因为求职笔试不同于其他纯专业性的考试，有时招聘单位并不只在意应试者考分的稍许高低。认真的态度、细致的作风，会大大提高被录用的可能性。

### 4.节省时间，争取主动

求职者在笔试过程中，应尽力提高效率，节省时间，争取主动。也就是说，在做完题目并经过仔细复查确认无误后，应迅速上交试卷。因为在众多参加笔试的求职者中，若大家答题的准确率基本相当，那么谁交卷早就证明谁反应快、效率高，他就会在众多的求职者中占据主动，被招聘单位录用的可能性也大大地提高了。

## 二、面试技巧

### （一）面试前的准备

### 1.收集信息

面试前，要对收集到的就业信息进行学习。对用人单位的情况做全面了解，弄清这个单位的性质是国有企业、民营企业、三资企业还是事业单位等，是大型企业、中型企业还是小型企业，是在初创阶段、发展阶段、鼎盛阶段还是衰退阶段；其内部的管理体制、工作地点、工作环境、工资待遇、住宿条件、交通状况如何等。面试前我们不仅要总结自己各方面情况，还要了解用人单位的基本情况，"知己知彼"才能"百战不殆"。

**2. 模拟问答**

（1）为什么选择来本公司应聘？这几乎是所有应聘者都要遇到的问题，需要应聘者提前做好准备。对该公司的信息、基本情况进行调查和总结，以积极、正面的答案回答，通常较易博得好感。尚无工作经验的人可坦诚地表达应聘的动机与目的。

（2）有什么样的工作经历？应聘者回答时，不仅要指出时间、事情，也要向招聘主管具体说明相关工作的内容与专业技术。此外，在填写履历表时，可以附注资格考试的证书或执照。

（3）对工作有什么目标和期望值？用人单位很看重有目标的人。对工作拥有具体期望与目标的人，通常成长较快。应聘者针对这类问题可以回答："我的目标是……为了达到这个目标，必须努力充实自己……而我拥有这样的自信。"或"这是我从小到大的理想……"

（4）为什么对这份工作感兴趣？无工作经验的人可以从这份工作的吸引力，以及自身关心的方面回答，如"交通方便"或"工作性质适合自己"之类。有工作经验者倘若能提出这份工作与众不同之处，招聘主管一般会有兴趣。

（5）你对工作有哪些成功或失败的经验？谈成功经验时，应叙述实际成果，并借此凸显个人经验与自信。即使很小的成功经验也无妨，要积极陈述。谈失败经验时，与其轻轻带过，不如陈述如何克服难题及获得了哪些经验。

（6）出于何种动机选择这份工作？这类问题多针对无经验者，以了解其对工作的理解程度，确认求职者是怀抱憧憬还是基于兴趣应征。求职者可从对工作的认识与个人兴趣的角度回答，并加以发挥。

（7）你认为这份工作的前景如何？这个问题主要是了解求职者对产业现况的理解及展望，针对无经验者则试探其投入意愿与关注度。中职毕业生回答这个问题不需有太独特的见解，只需表达正确的意见。如果是有经验的求职者，不仅需要应聘者掌握业界的方向，而且需要有一些个人见解。

（8）评价一下你自己。这是为了解求职者是否能客观分析自己，并测试其表达与语言组织能力。除个人说法外，加上亲友的观点可增加说服力。应避免抽象的陈述，要以具体的体验及自我反思为主，内容才更具吸引力。

（9）你期望的待遇。待遇问题以清楚、明确的答复为最佳。回答"依公司规定"，可能被视为缺乏自信而非谦虚。应依据个人年龄、经验、能力，再依产业类别、公司规模等客观资料，提出合理的数字。同时，说明期望的待遇的理由是必要的。

### 3. 准备必需品

必需品如表 3-2 所示，准备好后请在"检查栏"中画"√"。

表 3-2　面试前需准备的物品

| 检查栏 | 物品 |
| --- | --- |
| | 简历、自传、正式照片、作品、执照或证明文件等 |
| | 面试的地址、电话 |
| | 地图、公交指南等 |
| | 笔记本、纸、笔 |
| | 零钱 |

### （二）面试的技巧与方法

### 1. 面试者的基本礼仪

（1）切忌迟到。迟到是面试的第一大忌。一般可以提前 5 ～ 10 分钟到达面试地点，以表示求职的诚意。同时也可借此调整自己的心态，做一些简单的仪表整理，以免仓促上阵，手忙脚乱。

（2）调整心态。如门关着，应先敲门得到允许后再进去。开关门的动作要轻，以从容、自然为好。见面时要向招聘者主动打招呼，问好致意，称呼应当得体。在面试官没有请你坐下时，切勿急于落座。面试官请你坐下时，应道声"谢谢"。

（3）认真聆听、积极作答。对方给你介绍情况时要认真聆听，为了表示你已听懂并感兴趣，可以在适当的时候点头或适当提问、答话。回答主试者的问题时，口齿要清晰，声音要适度。设问答话要简练、完整，尽量不要用简称、方言和口头语，以免对方听不懂。

（4）面带微笑，保持自信。脸上带着愉快轻松和真诚的微笑会使你更受欢迎。因为微笑使你显得和和气气，而每个人都乐于与和气、快乐的人共事。你应该表现出热情，但不要太过。

### 2. 面试中语言的运用

面试中的语言表达能力可以反映你的成熟程度和综合素养。对求职应试者来说，掌握语言表达的技巧无疑是重要的。因此，在面试中应恰当地运用谈话的技巧。

（1）口齿清晰，语言流利，用语文雅得体。

（2）语气平和，语调恰当，音量适中。

（3）语言含蓄、机智、幽默。

（4）注意听者的反应。

### 3. 回答问题的技巧

（1）把握重点，简明扼要。面试时间有限，如果多余的话太多，容易走题，反而会将主题冲淡。

（2）具体问题，具体对待。面试官提问总是想了解一些应试者的具体情况，切不可简单地仅以"是""否"作答。针对所提问题的不同，有的需要解释原因，有的需要说明程度。不讲原委、过于抽象的回答，往往不能给面试官留下好印象。

（3）把握重点，条理清晰。面试中，如果不理解面试官提出的问题，可要求将问题复述一遍，并先谈自己对这一问题的理解，请教对方以确认问题。对不太明确的问题，一定要问清楚。这样才会有的放矢，不致南辕北辙、答非所问。

（4）有主见。面试官要接待若干批应试者，因此，会有乏味、枯燥之感。具有独到的见地和有特点的回答，更容易引起对方的兴趣和注意。

（5）切忌牵强附会、不懂装懂。面试时，应聘者常常会遇到一些不懂的问题，有些应聘者害怕说不懂会降低自己在用人单位心中的地位，往往会牵强附会、不懂装懂，这会引起用人单位的反感。诚恳坦率地承认自己的不足之处，会赢得面试官的信任和好感。

面试交谈中难免会因紧张而出现失误，切不可因一时失误而丧气。要记住，一次失误不等于面试的失败，要战胜不良情绪，不要轻易地放弃机会。即便这次面试没有成功，也要分析原因，总结经验，以新的心态迎接下一次面试。面试交谈中，应随时注意听者的反应。比如，听者心不在焉，可能表示他对自己这段话没有兴趣，你得设法转移话题；侧耳倾听可能说明自己声音太小难以听清；皱眉、摆头可能说明自己的语言有不当之处。要根据对方的这些反应，适当调整自己的语言、语气、语调、声音、修辞，包括陈述内容。

## （三）面试禁忌

在求职面试时，求职者少不了要介绍自己，并回答一些问题。如果在回答面试考官的问题时不注意技巧与方法，就有可能以失败告终。以下是几种不合适的做法。

### 1. 缺乏自信

有的应聘者唯唯诺诺，眼神飘忽，或是问一些很不专业的问题，将自己内心的胆怯暴露无遗。例如，"你们要招几个人？"这种问题明显缺乏自信心，认为自己的竞争力不足，缺乏竞争实力。"你们要不要女性？"这样的问话就露出了怯意，缺乏自信。此时，面试的考官就可以顺水推舟，予以回绝。

### 2. 开始就问待遇问题

有些应聘者尚未面试之前，就对待问题紧抓不放，如"你们的待遇怎样？""一个月能给我多少钱？""有没有休假日？一个月休息几天？"这些问题不是不能问，而是要找机会问，要选择合适的时机，不能一开口就这样问。否则，招聘单位就会认为，我们还没有了解你，还不知道你的能力与水平，能给我们创造多少利润，你就要问工资。还没有决定是否要录用你，就提这么多的条件，我们怎么敢用你。

### 3. 不恰当的反问

有些应聘者没有面试经验，常常会对用人单位的问题进行反问，引起对方的不悦。例如，招聘人员问你："你期望的工资有多少？"有的求职者心里没有底，于是反问："你们能给我多少？"这样问，显得很不礼貌，就像市场上购物时的讨价还价，会引起招聘人员的不快。在面试之前，应该先在人才市场上了解一下，某种职位的工作当前的工资大致是多少，做到心中有数，要价不能太高，也不要过低。

## 三、求职心理素质

### （一）建立自信心

自信是求职成功的基石，自信是推荐自我的动力。第一，要正确认识自我，多看到自己的长处和优势。不要因为学历低而自卑，不要认为自身的综合素质不够强或竞争能力弱而不敢主动推销自己、不敢参与竞争，陷入不战自败的困境之中。第二，不要把求职看得过于神秘。应主动了解就业形势，认真学习就业技巧，总结经验，及时改正错误行为。第三，多参加活动，在活动中积极展现个人风采，增强自信心。第四，求职前做好充分准备，面试时通过心理暗示消除紧张。

### （二）正确定位

毕业生求职前一定要全面认识自己，正确评估自我的能力和特性。及时了解当前就业形势和本专业的就业行情，认真进行职业生涯规划，特别是求职和就业初期的规划。树立正确的就业观，不要有过高的期望值，不能把待遇是否丰厚、住房是否宽敞、是否在城市等条件看得过重。在正确定位的同时，应着眼于锻炼自我，着眼于未来发展，积极地去就业。

### （三）克服怯懦，消除紧张

怯懦和紧张会直接影响求职面试的成效。用人单位组织面试不仅是想了解求职者的知识、人品，更重要的是通过面对面的交谈来测试求职者的应变能力、沟通能力。怯懦和紧张，往往使求职者在面试中信心不足、举止拘束、语无伦次、答非所问等，使招聘者对求职者的稳定性和能力产生怀疑。

克服怯懦，消除紧张要做到以下三点。

一要学会自我调整。不要把面试看得过于神秘、可怕，不要计较别人对你的看法和评论。

二要加强自我训练。面试前可请老师和同学充当招聘者，进行模拟，训练胆量，掌握面试技巧。平时要注意扩大知识面，积极参加各种活动，多与他人交往，以提高沟通能力。

三要注意临场心理调适。面试时要尽可能提前到达考场，以便有足够的时间来稳定情绪，同时还可以用深呼吸法、激励法来调整紧张和羞怯心理，并不断暗示自己"我一定能行"。进入面试考场时，不必惊慌，主动微笑问好。面试中听清问题，冷静思考，认真回答。

◎ **哲理小故事**

山顶上，狼吃了一只羊，恰好被狐狸看见了，它扯着嗓子大喊起来。本来它要喊的是："羊被狼吃了！"但发生了口误，喊成了："狼被羊吃了！"风儿把狐狸的话吹遍了山林。羊群听到喊声，精神大振。它们说："不知哪位同胞给我们羊出了气、争了光，看来狼并不可怕！我们还等什么？冲上去，找狼算总账！"羊群潮水般地向狼群发起了攻击。

同时，狼群也听到了狐狸的喊声，它们一起愣住了："这是真的吗？如果是真的，那也太可怕了！如果不是真的，狐狸为什么说得如此肯定呢？"

就在它们六神无主的时候，大批红了眼的羊群已冲到狼群跟前。狼群惊慌失措，撒腿四处奔逃。山林中奇特的游戏很快结束了，羊和狼后来也知道了真相。它们分别谈了自己的感想。羊说："胜利的消息无疑会激励斗志，即使这个消息并不确切。否则，我们怎么会向狼发动攻击并取得胜利呢？"狼说："我们过于相信自己的耳朵，否则，我们怎么会蒙受如此奇耻大辱？"

一个人的能力一定程度上取决于自信心。所谓"两军相遇勇者胜"。当以弱敌强或形势多变时，"相信自己能赢"往往是创造成功乃至奇迹的关键因素。

## 四、求职过程中的注意事项

求职者在求职过程中有可能遇到骗局。如果不加注意，陷入骗局，实在令人恼火。对于刚刚步入社会的中职生来说，更要学会运用防骗技巧，防止上当受骗。以下是一些求职过程中的防骗技巧。

### （一）网络求职注意事项

**1. 考察信息来源网站的可信度**

求职者要求证企业招聘信息是否真实比较困难，而考察发布招聘信息网站的可信度则相对容易。一般说来，职业院校的学生就业网、知名的招聘网站、大型集团公司的网站等可信度较高。这些网站对发布招聘信息的企业都有资质考查，能够过滤掉虚假招聘信息。

**2. 发布信息时要格外慎重**

不要发送个人重要资料，如身份证号码、信用卡卡号及银行账号。个人或企业在网络上输入的信息有可能会被他人窃取、利用，造成其名誉和经济上的损失。求职者一定留意招聘网站是否有不泄露求职者个人信息的声明。

另外，尽量不要发布对社会负面的看法和内容，包括转发和评论，更不要将自己极端的思想在网络上面长篇大论，或对朋友、同事、同学说三道四，要塑造一个积极、向上、阳光的形象。因为受到人力资源部门的关注后，他们会通过你发布的信息对你进行"考查"，包括人品及个性特点等。

**3. 随时核对企业信息**

网络信息有真假，新手难辨真伪。联系招聘单位时，一定要核对单位电话、地址。对提前缴费用更要慎重，因为招聘过程中一谈到金钱就可能涉及骗局。

### 4. 填写简历要慎重

填写个人简历时，请不要在表单以外的地方填写你的联系方式。这样可能被无关人员看到，从而导致不安全的事情发生。强烈建议求职者只留本人联系电话并保持畅通，勿长时间关机。若非必要最好不留家庭电话。

◎ **职场小故事**

**泄露宅电，虚惊一场**

某中职学校学生小林在招聘网站上发布了个人信息。没过几天，她接到了一个自称为重庆某公司的电话，希望能够了解小林的基本情况，随后询问了其家庭电话。虽然小林感到有些奇怪，但她还是告诉了对方。不料，小林很快就收到了家里的电话。她的母亲语气焦急地问她："孩子，你在哪儿？怎么你老师说你出车祸了，要我寄几千元钱过去，是怎么回事？"小林是丈二和尚摸不着头脑："没有啊！我好好的呀！是谁给你打电话的？"一查电话号码，果然是自称重庆某公司的那个号码。虽然没有被骗，但是也让人捏了把汗。

相比小林，广州某中职学校的小郭就没那么幸运了。她把自己的求职简历挂到一家人才招聘网站上，上面除了个人情况、求职意向外，还有她的手机号码等联系方式。第二天，一个自称广告公司负责人的男子打来电话，说在网上看见她的求职简历，在详细地询问了她的有关情况后，要求她留下家庭电话，以便有进一步的了解。结果，小郭的父母很快收到了女儿"出事"的电话，被骗走了8万元。

求职者写求职邮件时，一定要在邮件题目上写清楚毕业院校和专业，这样往往会提高网上求职的成功率。

求职者在发送简历的同时，应该发送一封求职信，这是求职者常常忽略的。为了方便人事主管阅读，避免在计算机上多次翻页，求职信、简历都应该采用文本格式。

### 5. 不能一份电子简历"通吃"

网络求职时，由于未参加面谈，电子简历就显得尤为重要。一次网络招聘会，企业人事部门就能收到上千份简历，他们翻阅每份简历的时间一般不过几分钟。求职者如果不注意技巧，很容易被用人单位忽视。因此，制作电子简历一定要有针对性，要根据应聘的职位、用人单位看重的条件来突出自己的优势。

特别要注意，不要以同一份简历来应聘不同的公司或不同的职位。针对不同岗位要求，要有所改动，写几句为该岗位量身定做的求职语句，表现出对该行业、企业的了解和对该工作的重视。

**6. 不要盲目发送简历**

网上的信息量很大，但自己要有准确的定位，申请符合自己实力的职位，根据个人的专业、爱好、特长，有目标、有方向地向招聘单位求职。否则接下来的面试或通知会让你疲于奔命，应接不暇。而且面面俱到、内容太多、太花哨的简历往往较容易被淘汰。

**7. 不要以附件的形式来发送简历**

某些招聘单位的电脑可能无法打开附件，有时候附件会感染病毒。所以最好按照公司在网站上的要求发送简历，或者干脆用纯文本格式发送简历，不要以附件形式发送。

**8. 不要忽视已经发送的简历**

毕业生最好对发出的简历做一份跟踪档案，并随时关注它的进展，尤其要记录所应聘公司的信息。发出求职资料后，毕业生要主动与用人单位联系。在网上招聘会结束后几天，毕业生要主动通过电子邮件或打电话询问情况，向用人单位表示诚意，也让自己心中有数。

**9. 不要因为没有回音而过分焦虑**

毕业生一定要保持平和的心态，小心细致，有耐心、肯坚持，这样才能更好地把握机会。最好多向学校在就业指导方面有经验的老师请教，多请他们帮忙"把关"。

**（二）在接到企业的面试通知时的注意事项**

（1）在收到招聘单位的面试邀请电话时，请务必再上人才网站核实一下这个企业的资料。

（2）认真确认面试地点。

（3）绝大多数招聘单位不会主动派车去接应聘者，应聘时勿与陌生人到偏僻的地方，勿将手机等财物借给陌生人，发现被骗应及时报警。

**（三）其他注意事项**

（1）如遇到单位要求必须体检才能上岗的，求职者应注意，指定医院不应该是私立医院或者诊所。如遇到指定这类体验场所，请求职者不要相信，发现被骗应及时报警。

（2）拒交各种名义的费用。任何招聘单位，以任何名义向求职者收取抵押金、服装费产品押金、风险金、报名费、培训费等行为，都属非法行为。

（3）不轻信许诺到外地上岗。对外地企业或某外地分公司、分厂、办事处的高薪招聘，不论其待遇多么好，求职者千万要保持清醒的头脑和高度的警惕，不要轻信口头许诺。

（4）掌握劳动法规和相关政策。求职者在求职前或求职过程中，应主动学习一些劳动法规和相关政策，提高自己的求职素质和独立思考的能力。

（5）多种途径了解公司背景。在求职者正式进入单位之前，应想方设法加强对企业的了解，以免误入骗局，例如注意招聘单位的营业执照等相关证件。

（6）谨慎签订劳动合同。

（7）发觉被骗，及时报警。

**任务实施**

结合所学的内容，将表 3-3 的内容补充完整。

表 3-3　常见求职陷阱与应对

| 实际情景 | 常见陷阱 | 你应如何应对 |
|---|---|---|
| 高薪招聘广告人员，不计学历 | | |
| 预收 200 元培训费，保证上岗 | | |
| 某公司诚聘业务代表 | | |
| 单位要求必须体检才能上岗 | | |
| 向求职者收取抵押金、服装费 | | |

## 📝 任务评价

### 议一议

以小组为单位，分析如何应对常见的陷阱，并进行小组分享。

### 学以致用

#### 模拟面试

步骤一　将教室设计为面试间，由教师组成面试考官组。

步骤二　设置不同的岗位，面试考官根据不同的岗位提问考生。

步骤三　根据考生面试的表现评分。

步骤四　学生根据面试时自己的表现，总结不足之处，加以改善。

### 拓展训练

#### 如何应对电话面试

随着科技发展，求职途径也越来越多元化，越来越丰富。我们也许会通过电话与用人单位进行初次会晤，即所谓"未见其人先闻其声"。学会电话面试是每一个即将走上工作岗位的人应该具备的技能。

场景一：与用人单位的"初次会晤"

某人下午五点多在报摊上买了份招聘类报纸，查阅到了一个心仪职位。为了在第一时间与招聘方联系，她就立刻拨通了对方电话："喂，请问是某某公司吗？我看了报纸，想来应聘……"还没等她说完，对方就表示人力资源部负责人正在开会，且下班时间快到，没空细聊，但还是记下了她的手机号码，表示第二天会联系她。

**求职指南：**这位求职者没有在合适的时间找到合适的人，主动致电变成了被动等候，是一次很失败的电话应聘。正确的电话应聘应该注意以下几点：

（1）时间。以 9：30—11：00 以及 13：30—16：30 较为合适。

（2）负责人。招聘信息上一般都会注明联系人，拨打电话后一定要准确地说出负责人，避免转接或误接。

（3）保持电话畅通。有时求职者尚未做好充足的准备，未选择安静、信号好的通话环境，便急急忙忙打电话。用人单位提出一些问题又支支吾吾，答非所问，这会给用人单位留下不好的印象。

（4）逻辑清晰。在拨打电话之前，要理清自己的思路，将自己的个人情况准确无误地表述出来。与用人单位通话时思路要清晰，给人留下较好的印象。

场景二：应对招聘公司的"突然袭击"

某人正逛街，突然接到某公司的电话面试。此时周围有商场背景音乐和人群的嘈杂声，对面试不利。于是该求职者非常礼貌地告诉对方："不好意思，我正在外面，环境比较吵闹，是否能过 10 分钟给您打回去？"对方应允，并留下电话。

**求职指南：**很多企业在收到简历后，为节约时间，会先通过电话面试初步筛选。电话面试会准备几个有目的的问题，以核实求职者的背景，考察求职者的语言表达能力。通话时间一般在 15～20 分钟。不管企业是否有电话面试环节，为增加胜算，求职者最好还是做好充分准备，这样当突然接到来电时就可顺畅对话。若接电话时正好有事或不方便，场景二里求职者的做法值得借鉴，同时也可利用"时间差"来理清思路。此外，电话面试还应做好以下几点。

（1）在手边准备纸和笔。电话中，招聘人员会说明公司的详细地址，所以要用到纸、笔。有时公司会出一些小技术题或逻辑题请应聘方回答，手边有纸、笔可方便记录和计算。

（2）注意语速。不同人的语速有很大差别，注意尽量配合面试官的语速。若面试考官的语速相对较慢，应聘者就该转为和对方同步的语速。同时注意不要抢话，要等对方提问完毕后才回答。另外，回答时不要滔滔不绝，也不能只答"是"或"好"。

（3）控制语气语调。在通话时要态度谦虚、语调温和，语言简洁、口齿清晰，并且语气、态度也应该配合对方，这样有利于双方愉快地交流。

# 项目四

## 认识企业文化，培养团队合作精神

### 项目导引

　　每家企业都有自己的文化，它影响着企业的决策、人事的升迁、员工的行为举止等。成功的企业必定有繁荣的企业文化，它是企业存活的生命力，是企业团结的凝聚力，是企业发展的推动力。企业文化渗透在企业生产、经营、管理等各个领域，引导着企业行为。因此，企业文化是企业制胜的法宝。在本项目中，我们将了解企业文化，认识企业文化的魅力，并通过对企业文化和岗位的认识，提升团队意识和职业的认同感。

### 项目目标

　　（1）了解企业文化，认识企业文化的魅力。

　　（2）通过活动培养团队精神并使之成为一种习惯。

# 任务一 认识企业文化的魅力

▶ **任务目标**

（1）掌握企业文化的含义、内容及作用。

（2）通过对企业文化的认识、了解，提升职业认同感。

**案例导入**

### 充满魅力的海尔文化

海尔集团是全球领先的整套家电解决方案提供商和虚实融合通路商。公司 1984 年创立于青岛。创业以来，以用户需求为中心的创新体系驱动企业持续健康发展，海尔从一家资不抵债、濒临倒闭的集体小厂发展为全球较大的家用电器制造商之一。

海尔具有丰富的文化底蕴，海尔的企业精神是"无私奉献，追求卓越"；确定的管理战略是"高标准、精细化、零缺陷"；确定的质量战略是"质量是企业永恒的主题"；确定的生产战略是"唯一和第一"；确定的销售战略是"售后服务是我们的天职"；确定的市场战略是"生产一代，研究一代，构思一代"。这些构成了严密的海尔文化网络。

思考：海尔由一家濒临倒闭的集体工厂转变为全球较大的家用电器制造商之一，其秘诀是什么？

**知识链接**

## 一、企业文化的含义

企业文化一词自 20 世纪 80 年代从日本、美国引入我国以来，已经历了三四十年的吸收、消化和发展阶段。目前，不论是国有企业，还是民营企业；不论是煤炭、化工行业，还是旅游、咨询行业……都很注重企业文化。

企业文化指企业全体员工在长期的创业和发展过程中培育形成并共同遵守的奋斗目标、价值标准、基本信念和行为规范等，是一种具有企业个性的信念和行为方式。

## 二、企业文化的内容

### （一）观念层面

对于企业而言，观念层面指企业的领导和员工共同信守的奋斗目标、基本信念、价值标准、职业道德以及精神风貌。

（1）企业的奋斗目标是企业全体员工的共同追求。有了明确的奋斗目标就可以充分发动企业各级员工，增强他们的积极性、主动性和创造性，使其将自己的岗位工作与实现企业奋斗目标联系起来，把企业的生产经营转化为每一位员工的具体责任。

（2）基本信念是企业领导者为实现企业目标而在整个生产经营管理活动中坚守的经营理念，是对企业发展战略的理性思考。

（3）价值标准指企业职工对企业存在的意义、经营目的、经营宗旨的价值评价，是企业全体职工共同的价值准则。

我国老一代的民族企业家卢作孚（民生轮船公司的创始人）提倡"个人为事业服务，事业为社会服务，个人的服务是超报酬的，事业的服务是超经济的"，从而树立起"服务社会，便利人群，开发产业，富强国家"的价值观念。这一为民为国的价值观念促进了民生轮船公司的发展。

◎ **职场小故事**

**华为的奋斗精神**

华为强调唯有艰苦奋斗才能获得机会。华为成立初期，公司给每位新员工提供一条毛巾被和一个床垫。这样一来，许多加班到深夜的员工就可在办公室睡觉，而第二天中午他们也可在公司午休。华为一位员工曾说："过去，垫子是努力工作的象征，这一理念今天已经演变为将每项工作都做到极致的奋斗精神。"

员工艰苦奋斗能使公司更具竞争力，这一理念并不难理解。但要弘扬艰苦奋斗的精神，让每位员工都能接受这一价值观却并非易事。华为将价值观的落实纳入了员工激励体系。

（4）企业精神是企业有意识培养的员工群体精神风貌，是全体员工在实践中体现出来的气质。如王府井百货大楼的"一团火"精神，就是用大楼人的"光"和"热"去照亮、温暖每颗心，其实质就是奉献服务；西单商场的"求实、奋进"精神，体现了以求实为核心的价值观念和真诚守信、开拓奋进的经营作风。

（5）企业风气指企业及其员工在生产经营活动中逐步形成的一种带有普遍性的、相对稳定的行为心理状态，是影响整个企业生活的重要因素，如团结友爱之风、开拓进取之风、艰苦创业之风等。

企业风气是约定俗成的行为规范。它一旦形成，就会在企业中形成一定的气氛和员工的心理定势，使多数员工具有一致的态度和共同的行为方式。因而企业风气成为影响企业的重要因素。以"铁人"王进喜为代表的大庆油田工人，把"艰苦创业"作为座右铭，坚持"有条件上，没有条件创造条件也要上"的创业精神。大庆人艰苦创业、"三老四严"的精神，化作中国工人阶级自力更生、艰苦创业的强大力量。

（6）企业道德指调整本企业与其他企业之间、企业与顾客之间、企业内部职工之间关系的行为规范的总和。

企业道德与法律、制度不同，不具有强制性和约束力，但具有积极的示范效应和强烈的感染力。当企业道德被人们认可和接受后，就具有约束力。中国老字号同仁堂药店之所以三百多年长盛不衰，是因为它把中华民族的传统美德融入企业的生产经营过程之中，形成了具有行业特色的职业道德，即"济世养身、精益求精、童叟无欺、一视同仁"。

## （二）制度层面

企业制度主要指对企业组织和企业员工的行为产生广泛性、约束性影响的制度。它规定了企业成员在共同的生产经营活动中应当遵守的行为准则。

### 1. 一般制度

一般制度指企业中存在的一些带普遍意义的工作制度和管理制度，以及各种责任制度，如劳资人事制度、生产管理制度、技术工作及技术管理制度、设备管理制度、产品销售管理制度、财务管理制度、生活福利管理制度、奖励惩罚制度、岗位责任制度等。

### 2. 特殊制度

特殊制度主要指企业的非程序化制度，如员工评议干部制度、总结表彰会制度、干部员工平等对话制度、企业成立周年庆典制度等。与管理制度及责任制度等一般制度相比，特殊制度更能够反映一个企业的管理特点和文化特色。

### 3. 企业风俗

企业风俗包括体育比赛、歌咏比赛、周年庆典等。这些活动经过长期延续，就成了企业内约定俗成的典礼仪式、行为习惯等。企业风俗不需要强制执行，而是靠习惯、偏好来维持。

### 4. 行为规范

在一个企业内，往往有的行为是允许并且受到鼓励的，而有些行为则是企业三令五申禁止的，这就是企业的行为规范。企业为了使管理、生产、运作等各方面更加有序、有效，都要制定行为规范，达到约束员工行为的目的。

## （三）物质层面

物质层面指企业创造的物质文化。物质层面往往能折射出企业的经营思想、管理哲学、工作作风和审美意识。

（1）企业标识如企业名称、厂徽、厂旗、厂歌、厂服、标准字、标准色等。这些因素中包含很强烈的企业物质文化内容，是企业文化较为形象的反映。

（2）企业外貌。自然环境、建筑风格、办公室和车间的设计及布置方式、绿化美化情况和污染的治理等是人们对企业的第一印象。这些无一不是企业文化的反映。

（3）产品的特色、式样、外观和包装。产品的这些要素是企业文化的具体反映。

（4）技术工艺设备特性。

（5）企业的文化体育生活设施。

（6）企业造型和纪念性建筑，包括厂区雕塑、纪念碑、纪念墙、纪念林、塑像等。

（7）企业的文化传播网络，包括企业自办的报纸、刊物、公众号、计算机网络、宣传栏、广告牌、招贴画等。

综上所述，企业文化的三个方面是紧密联系的。①观念层面是形成物质层面和制度层面的思想基础，也是企业文化的核心和灵魂；②制度层面则约束和规范物质层面及观念层面的建设，没有严格的规章制度，企业文化建设无从谈起；③物质层面是企业文化的外在表现和载体，是制度层面和观念层面的物质基础。

## 三、企业文化的作用

### （一）导向作用

导向作用指对企业的领导和职工起的引导作用。

#### 1. 价值观念的引导

如果企业认为顾客很重要，它就会引导员工为顾客提供一流的产品和服务，引导员工在工作中不怕风险和失败，勇于打破旧框框，实现产品和技术的革新。企业注重诸如集体意识、创业意识和勤俭意识等，就会对企业员工的行为进行相应的引导。

### 2. 企业目标的指引

在激烈的市场竞争中，企业如果有一个自上而下的统一目标，就能把职工个人目标引导到企业目标上来，职工就会在潜移默化中接受共同的价值观念。这个过程自然而然，且由此形成的竞争力也更持久。

### （二）凝聚作用

一种企业文化被该企业成员认同之后，它就会成为一种黏合剂，从各方面把其成员团结起来，形成巨大的向心力和凝聚力。通过这种凝聚作用，职工就把个人的思想感情和命运与企业的兴衰紧密联系起来，产生对企业强烈的"归属感"，有"厂兴我荣，厂衰我耻""爱厂如家"等思想。

### （三）陶冶作用

在企业文化的熏陶下，员工积极工作，将自己的劳动融入集体事业，共同创造、分享企业的荣誉和成果。在这个过程中，员工又会得到自我实现及其他高层次精神需要的满足，长期保持工作热情。

### （四）约束作用

企业文化的约束功能，与单纯强调制度的硬约束不同。它虽也有成文的制度约束，但更强调的是不成文的软约束。企业文化的软约束以潜移默化的方式进行。在形成群体道德规范和行为准则（即非正式规则体系）以后，某些违背企业文化的言行一旦出现，就会受到群体舆论和感情压力的无形约束。同时，企业文化会使员工产生自控意识，达到内在的自我约束。

### （五）辐射作用

优秀的企业文化通过企业与外界的每一次接触，包括业务洽谈、经济往来、新闻发布、参加各种社会活动和公共关系活动，甚至通过企业制造的每一件产品、企业员工在社会上的言行，向社会大众展示着本企业良好的管理、经营状态和精神风貌，从而为企业塑造良好的整体形象，树立企业信誉，扩大企业影响。

### （六）创新作用

创新是企业谋求生存和发展的重要法宝。企业创新不仅包括技术创新，还有组织创新、管理创新、服务创新等诸多方面。优秀的企业文化可以激发员工的创新精神，鼓舞员工开拓进取。

可见，优秀的企业文化不是保守的，而是创新的。只有不断创新，企业才能生存。

### 任务实施

明确企业文化的内容与作用，请将表 4-1 的内容补充完整。

表 4-1　企业文化的内容与作用

| 企业文化的内容 | 观念层面 | |
| --- | --- | --- |
| | 制度层面 | |
| | 物质层面 | |
| 企业文化的作用 | | |

### 任务评价

议一议

在你所了解的企业中，给你印象最深的是哪一个？为什么？

### 发挥你的想象

结合所学专业，发挥你的想象，假如你在一家（　　　　）企业工作，现企业举办企业文化内容创想活动，请你积极参与。

（1）请在括号内填上你想要就职的行业。

（2）大胆创想（根据企业所属行业，为企业发展积极贡献自己的智慧），将想法填入表4-2。

表4-2　企业文化

| 项目 | 内　　　容 |
|---|---|
| 企业文化标语 | |
| 企业核心观念 | |
| 企业制度文化 | |

# 任务二　培养团队合作精神

## ▶ 任务目标

（1）了解团队合作精神的特点及表现，掌握团队合作精神的重要性。

（2）通过活动培养团队合作精神，并使之成为一种习惯。

## 👥 案例导入

**朋友的烦恼**

小胡是一家公司的经理，在一次经理人沙龙上，他与一位非常熟识的经理人朋友聊到员工积极性和主动性的问题。这位经理人抱怨不休，他说："有一次，我无意中看到一位员工在上班时间看电影，便责备了他，没想到他理直气壮地反问我，'你有给我安排工作吗？'我当时竟然无言以对。回到办公室想一想，自己整天忙得分身乏术，而下属们竟然闲得要用看电影来打发时间！我的团队目前有20多人，如果人人都要等待我来安排任务才工作，那么即使我有三头六臂恐怕也顾及不周吧！"

思考：如果你是小胡，你会给这位经理人什么样的建议呢？

## 🔗 知识链接

团队是由员工和管理层组成的共同体。团队合理利用每一个成员的知识和技能协同工作，解决问题，达到共同目标。团队合作精神是成员为了团队利益和目标而相互协作、尽心尽力的意愿和作风，是将个体利益与整体利益相统一从而实现高效率运作的动力，是高绩效团队的灵魂，是成功团队最重要的特质。

# 一、团队合作精神的特点

## （一）凝聚力

所谓凝聚力指团队成员之间有很强的归属感，每个成员都把自己当作团队的一分子，对团队负责，有强烈的集体荣誉感，一起为共同的目标努力。

## （二）合作意识

所谓合作意识指团队成员之间有强烈的团队合作精神，在面对困难的时候能够相互鼓励，相互尊重，相互宽容。

## （三）士气高昂

士气高昂就是团队成员积极进取，对团队目标尽心尽力、全方位投入的精神状态。

> ◎ **职场小贴士**
>
> 人的 10 个手指，每一个都有各自的特点和优势。但单独地拿出一个手指来做一件事情的话，就会显得非常笨拙。只有 10 个手指团结起来，才会将手的作用发挥好。团队也是一样，要让每一个人做自己最擅长的事情，不要轻视任何一个人的力量。

有团队合作精神是用人单位选择员工的首要条件。每个人都应思考在团队中自己是在创造环境，跟随环境，还是在抱怨环境。企业的生存和发展，都需要精神力量的支持。团队合作精神尤其重要，是一个企业的核心竞争力。无论是在校园里，还是走上了工作岗位，团队意识、团队合作精神都是成功的重要因素。

# 二、团队合作精神的"木桶原理"

盛水的木桶是由许多木板箍成的，盛水量也是这些木板共同决定的。

若其中一块木板很短，则此木桶的盛水量就被短板限制，这块短板就成了这个木桶盛水量的"限制因素"（或称"短板效应"）。若要使此木桶盛水量增加，只有换掉短板或将短板加长才可以。这一规律即"木桶原理"。

在一个团队里，决定这个团队战斗力强弱的不是能力强、表现好的人，而是那个能力较弱的人。因为能力较弱的人相当于木桶中最短的木板，它对最长的木板起着限制和制约作用，决定了整个团队的战斗力。也就是说，只有想方设法让短板子达到长板子的高度，或者让所有的板子维持"足够高"的相等高度，才能完全发挥团队作用。人们常说"取长补短"，即取长的目的是补短，只取长而不补短，就很难提高整体效果。

## 三、团队合作精神的表现

### （一）成员对团队强烈的归属感

成员强烈地感受到自己是团队的一员，并把自己的前途与团队的命运联系在一起，愿意为团队的利益与目标尽心尽力。成员应对团队忠诚，绝不允许有损害团队利益的事情发生，并且应具有团队荣誉感，常为团队的成功而骄傲，为团队的困境而忧虑，真心实意地与团队同甘共苦，始终站在团队的立场，克服个人利己思想，事事以团队利益为重。

### （二）正确处理竞争与合作的关系

一个人的智慧和能力终归是有限的。团队不仅能够补充和放大个人的能力，还能促进成员间相互理解和沟通，把团队的任务分解为成员自己的任务。这样，团队才会战胜困难，赢得最终的胜利。同时，成员也会在团队协作的过程中迅速地成长起来。

### （三）培养团队意识

团队是一个有机的、协调的并且有章可循的整体。这个整体能力并不是所属成员能力的简单算术和。优秀团队的形成不是靠某一两个人，而是靠全体团队成员的共同努力。最优秀的团队里并不都是最优秀的员工，而是由各个成员团结协作、扬长避短来形成的。在专业化分工越来越细、竞争日益激烈的今天，靠一个人的力量是无法面对千头万绪的工作的。一个人可以凭着自己的能力取得一定的成就，但是，只有把团队的能力结合起来，才会取得更大的、令人惊喜的力量。

现在，用人单位很看重员工的团队合作精神。也许有的员工个人能力很强，但他没有团队意识，不善于和其他同事交流，那肯定是不可取的。在现代社会激烈的竞争中，蛮干、刚愎自用的员工注定会被淘汰。"众人拾柴火焰高，"合作与交流是竞争取胜的必备要素。

## 🕐 任务实施

### 团队合作精神的训练——定向越野赛

定向越野是定向运动的主要比赛项目之一。参赛者选择行进路线，依次寻找各个检查点，用最短时间完成比赛者为优胜。

步骤一　教师带领部分学生负责制作校园地形简图，选择路线。通常按环形设计，如图 4-1 所示。在每个检查点都摆放相应的小印章。

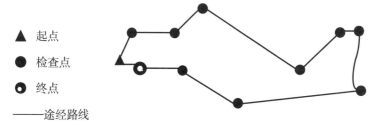

▲　起点
●　检查点
◉　终点
——途经路线

图 4-1　定向越野比赛规则设计

步骤二　选择集合地，宣布定向越野赛的规则。

步骤三　全班分为若干小组，每组一份地图和一张检查点表格，每找到一个检查点盖上相应的印章。记录出发时间，每组间隔 2 分钟左右。

步骤四　回到终点后，评出前 3 名。

📝 **任务评价**

议一议

以小组为单位，优胜者谈谈合作的感想。总结团队精神的重要性。

学以致用

## 团队及其精神建设

任何一个团队都要经过组成、运作、结束3个过程。我们必须全面了解团队进化历程的特点以及优秀团队的要件，才能积极融入团队，成为一名优秀的团队成员；才能组织和管理优秀团队，弘扬团队精神。

**1. 团队的进化历程**

（1）形成期。团队形成初期，团员彼此不了解，表现得比较拘谨。这时需要多沟通，成员间共享个人信息，以促进相互了解。团队领导要引导成员把注意力转移到组织任务上，形成礼貌、和谐的集体氛围。

（2）冲突期。这一时期是团队最危险的时期，成员因争名夺利或为获得有控制权力的职位而争斗。团队成员们对于出现的问题各持己见，对于团队的发展方向也争论不休。有时外面的压力也渗透到团队内部，形成更多的矛盾，增加了组织内部的紧张气氛。在这种情况下，需要强有力的领导来协调、沟通、组织、控制，加强成员间的沟通，以免团队失去方向。

（3）规范期。冲突期平息后，组织成员开始以合作的方式组织在一起，各派竞争力量之间形成一种试探性的平衡。组织的规范得以产生，并指导团队成员的行为，团队越来越协调。

（4）产出期。随着组织的规范化，团队逐渐成熟，开始能应对复杂的挑战，能执行其功能，并且可以根据需要自由切换团队运作模式，交予的任务也能得以高效地完成。

（5）结束期。任务完成，这是总结的好时机。总结是为下次的成功做准备。

## 2. 构建优秀团队的要点

（1）明确的目标。目标是团队和团队精神的指南针，是众人着力的方向。如果没有一个大家认同的、共同追求的、可以引导方向的目标，那么这个团队将毫无成绩。一个团队不但要有明确的目标，还要让团队每一个成员认识到目标的重要性，这样，团队成员才知道朝什么方向努力。成功的团队会把共同的目标转变成具体的、可衡量的、现实可行的个人绩效目标。

（2）共同的承诺。团队成员达成目标共识后，还要清楚为实现目标自己该承担什么职责，尽什么义务，并为此承诺尽职尽责，树立责任意识。有了共同的承诺，团队才有动力和凝聚力，这是团队精神形成的基础。

（3）坦诚的沟通。团队的每个成员都要充分了解与目标相关的信息、现在存在的问题、决策调整的原因。团队内部的沟通越通畅，团队合作的氛围就会越浓厚。

（4）相互信任、支持、协作。这是团队精神的核心。团队是由不同特性的个体组成的，每一个个体都有其特长和缺点。每个成员要有较强的集体荣誉感，为共同目标相互融合、彼此信任，挖掘并发挥特长，相互支持、团结协作，团队就会战无不胜。

（5）有效的领导。领导是团队的"领头羊"。有效的领导使团队有正确的前进方向，能够率领团队在逆境中取得成功。优秀的团队领导能认清团队目标，建立团队共识和自信，提升团队工作技巧，消除外界障碍等。

（6）不断寻求发展。荣誉感和归属感是优秀团队的必备品质。如果每个成员都有极强的集体荣誉感和对团体的归属感，那么在工作中，成员们不但会相互激励，而且能以集体荣誉为骄傲，不断寻求更高层次的发展。

一个积极向上的团队能鼓舞每一个成员的信心；一个充满斗志的团队能够激发每一个成员的热情；一个倡导创新的团队能够为每一个成员的创

造力提供足够的发展空间；一个协调一致、和睦融洽的团队，能给每一个成员归属感。遵循团队发展特点，抓住以上六个构建优秀团队的要点，营造积极向上的氛围，会让工作开展得更顺利，工作成绩更突出。

拓展训练

## 职业能力分析

小张是某中职学校市场营销专业的学生。他的理想是成为营销行业的一匹黑马。毕业后，小张经学校推荐去一家公司工作。刚进入公司，领导希望他能在基层认真锻炼。他很不开心，经常跟同事抱怨，说自己郁郁不得志，消极怠工。这件事很快就被反映到领导那里。于是，领导找到小张，询问了他一些关于工作、生活的事，小张便把自己的不满一股脑儿地发泄出来。领导想了想说："那这样，我们准备将发行部增设一个发行三部，你去负责吧！"小张瞪大了眼睛说："不行不行，我还没有这么大的能力。"领导说："我们公司有一批积压的产品，你把它们处理一下。"小张说："都积压了那么久了，肯定没人要。"领导笑了笑说："没关系，那你就把昨天的会议记录整理一下。"小张说："昨天我请假了。"领导说："那你觉得自己能干什么？"小张羞红了脸。

步骤一　全班分为若干个小组，讨论小张的职业能力水平。

步骤二　以小组为单位写出提升小张职业能力的策略。

步骤三　试着分析自己的职业能力，看看自己在哪些方面还有欠缺。

步骤四　教师点评。

# 项目五

## 调适职场心理，轻松应对挫折

### 项目导引

作为即将走入职场的中职生，不仅要在知识、技能上有相应的积累，心理的调适也至关重要。面对角色的转变、职场上纷繁复杂的情况，中职生只有做好心理的调节和适应等，才能在面对挑战时积极应对，走好职业生涯的第一步。

### 项目目标

（1）学会分析自身职业压力的来源，掌握化解职业压力的方法。

（2）主动调适不良就业心理，加快对职场的适应。

# 任务一　寻找职业抗压方法

▶ **任务目标**

（1）正确认识自身所面临的职业压力。

（2）学会分析压力的来源，能够积极主动地寻找适合自己的、调节心理压力的方法。

👤 **案例导入**

**当压力来敲门**

　　王力是机械制造专业的学生。毕业的那一年，通过努力，他在一家铸造加工企业找到了工作，做了一名钳工。他积极认真，踏实肯干，成绩很突出，经常受到部门领导的表扬。但是，就在半年前，王力所在的企业进行了改制和重组，单位的管理制度、工资分配和人事安排等方面都出现了较大的变动。曾经对他很照顾的师傅和同事相继离开，工资收入不升反降，裁员危机四伏……且王力屡次出现工作失误。看着部门领导不满的态度，他越来越紧张焦虑，感觉自己没有能力，充满了自卑，后来发展到失眠、情绪焦躁。领导屡次找他谈话，他与同事的关系也变得很紧张。

　　**思考：**面对目前的状况，王力该怎么办？如果让你去劝王力，你想说些什么？

# 一、认识职业压力

压力考验人的精神和身体承受力。压力的累积会降低人的工作效率，影响人的身心健康。所以学会调适自己的职业压力，对中职生很重要。职业压力指职业环境中的威胁性刺激持续作用引起的个体的一系列心理、生理和行为紧张状态。职业压力又称职业应激、工作应激或工作压力，如就业竞争激烈、超负荷工作、岗位目标过高使体力精神双重透支等。职业压力的作用具有两重性。大量现实研究表明，职业压力的消极作用大于积极作用。如果处理不当，很容易形成职业心理问题，影响职员心理健康。

职业压力的消极作用表现在：①认知障碍，不能集中注意，难以承受工作压力，被情绪困扰，感到自卑和受歧视；②焦虑抑郁，忧虑，有失落感，缺乏自我控制力；③不良爱好，如有暴力倾向、自杀念头等；④环境适应困难，人际关系困难，发生文化冲突。

职业压力的积极作用表现在：适度的压力可以使人注意力集中、思维敏捷、身体活力增强而提高活动效率，减少错误。

中职生较早接触社会，生活圈子逐渐扩大，心理压力的来源也更加广泛。压力不仅来源于学业，更有对职业前途的担忧，以及就业初期的适应等方面。中职生面对压力的时候，应该分析这种压力的来源是什么，有哪些因素是自身可以改变的，自己是否有改变的能力，是现在改变还是未来改变。

# 二、中职生就业中常见的心理问题

## （一）焦虑心理

中职生和高等院校的学生一起竞争同一个工作岗位时，往往会产生巨大的心理压力。压力过大或者是过于紧张，就会焦虑。焦虑是一种紧张不安的心理状态。焦虑心理在找工作时很常见。求职者常常又想谋求理想的职业，但又害怕自己因为学历、能力或性格原因等被公司拒绝。

### （二）失落心理

工资待遇、工作环境等，会使部分中职生在就业过程中易产生失落的心理，特别是工作不能满足其最低心理预期时。失落的情绪常会导致中职生不能客观地认识自己和用人单位之间的关系而使就业失败。

### （三）嫉妒心理

适当的嫉妒能够激发正能量，但是如果把握不当，就会伤人伤己，导致中职生心理出现问题，与同事的关系恶化。嫉妒心理在求职过程中表现为对身边人的成就、特长、外貌、家庭条件产生羡慕和敌视。求职中的嫉妒心理会使得中职生和他人的关系越来越远。人际关系长期冷漠会导致中职生处于孤立无援的境地。

### （四）攀比心理

攀比心理在求职过程中的主要表现为有些中职生看到身边的同学去了大城市、大企业工作，就把这些作为自己择业时的标准。同时，他们会认为去了小城市、小企业、经济落后的地区就是自己能力不足的表现，因此易错失良机。

### （五）从众心理

很多中职生在就业时会有从众心理。如自己谋求了一份工作，若身边没有其他人从事该类工作，或是听取了其他人对这份工作的不良评价，就放弃了这份工作。从众心理在就业中不可小视。缺乏主见、人云亦云的心理只能让中职生失去适合自身特点的工作机会。

### （六）自卑心理

自卑是轻视或是低估自己能力的一种心理倾向，具体表现为缺乏自信，缺乏勇气，总认为自己不如别人，害怕竞争。中职生在就业过程中，往往不敢主动向用人单位推荐自己，总是对自己评价过低，觉得自己不如别人。

### （七）自负心理

自负就是对自我评价过高，认为自己高人一等。一些热门专业、家里经济条件比较好的学生，在求职过程中要求单位是大企业、国营单位、外资企业等，或对用人单位提出不合理的薪资福利、办公条件要求等。自负的后果就是错误地评估了自己的能力，导致失业。

### （八）依赖心理

很多中职生在严峻的就业压力下，缺乏独立意识，选择工作犹豫不决，拿不定主意，不知道求职的单位和工作是否适合自己，甚至全靠他人为自己拿主意。还有的中职生不想参与竞争，就想依靠亲戚、朋友托关系、找门路就业。中职生在就业中，要结合自身的情况和家庭经济条件，不能全部都指望亲戚、朋友帮忙，自己的兴趣爱好和能力才是选择工作最重要的条件。

## 三、常见的心理调节方法

每个人在就业时都会出现或多或少的心理问题，这并不奇怪。重要的是，要学会进行调节，不能让就业产生的心理问题影响到自己的生活和学习。因此，掌握一些必要的心理调节方法很重要。

### （一）合理宣泄法

合理宣泄法就是尽情倾诉积压在心中的烦恼，释放心理重负，恢复心理平衡。具体方式有号啕大哭、听音乐和向朋友、家人倾诉等。

### （二）暗示调节法

暗示调节法是通过语言、动作以含蓄的方式对自己或他人的认知、情感意识和行为产生的一种心理活动方式。特别是语言，对情绪的调节有极大暗示和调整作用。语言暗示能让消极的情绪得到缓解。如在生气的时候对自己说"忍一忍"，难过的时候对自己说"没关系"，失落的时候对自己说"再接再厉，加油"。

### （三）呼吸放松疗法

放松疗法是通过放松全身的肌肉来缓解紧张的情绪、恢复心理平衡、保持身心健康的一种方法。呼吸放松疗法是放松疗法的一种。通常情况下，呼吸是通过口腔和胸腔完成的，但呼吸放松疗法提倡腹式呼吸。首先，找一个合适的位置站好或坐好，身体自然放松。然后，慢慢地吸气，在吸气的过程中感到腹部慢慢地鼓起，到最大的限度时开始呼气，呼气的时候感觉到气流经过鼻腔呼出，直到完成呼吸。

### （四）音乐调节法

音乐调节法是通过音乐来舒缓情绪的一种心理方法。音乐能调整神经系统的功能，解除肌肉紧张，消除疲劳，改善注意力，增强记忆力，消除抑郁、焦虑、紧张等不良情绪。应该因人、因时、因地、因心情的不同而选择不同的音乐。

---

◎ **职场小贴士**

**用自然力量缓解压力的方法**

（1）望云。没事的时候看一看蔚蓝的天空，眼睛一直看到云端的背后，就好像遥望遥远的宇宙一样。望穿云，一直望到宇宙的尽头，你会突然间有种感觉，人很渺小，无穷无尽的宇宙里充满了奥秘。这其实也是一种修身养性的方法。

（2）穿海。对着海河湖泊一直望，望到水的里面去，好像一直望到水底一样，这会让你感到心情平静。

（3）抱树。心情不好、压力很大时，找一棵很大的树去抱。抱着一棵一两百年或千年的树，10分钟以后你就会感受到这棵树的生命力，压力便能得到缓解。

## （五）理智认知调节法

很多时候人们产生心理问题的原因不在于事情本身，而在于其对事情的看法，看法不同，结果不同。艾利斯提出"ABC 情绪认知理论"，"A"代表事情本身，"B"代表个人对"A"的认知，"C"代表结果。理智认知调节法要求我们多角度看待事情。

## （六）注意力转移法

注意力转移法是一种心理学上的调节方法，即采取迁移的办法把自己的注意力、情感和精力转移到其他活动上去，让消极的情绪得到释放，以减轻自己心理上的不安和焦虑。具体的方法有如下几种：①消遣转移，比如散步、聊天等；②繁忙转移，比如让自己忙于做家务；③娱乐转移，比如跳舞、画画；④环境转移，比如到山清水秀的地方去。

## （七）心理咨询

心理咨询指运用心理学的方法，给心理适应方面出现问题并试图解决问题的咨询人员提供心理援助的过程。中职生在找工作时，如果出现了心理问题，不要讳疾忌医，应及时寻求专业人士的帮助。他们能够帮助来访者识别自己行为背后的动机，调节情绪，理智地认识问题。

---

◎ **职场小贴士**

### 林跃的自主创业之路

林跃是一名个子特别小的女生，学校的钳工实习课她都必须站在凳子上才能进行操作，可她性格开朗，积极乐观，同学们都亲切地称她为"向日葵"。毕业时，老师和同学们都为她找工作着急。她却笑着说："我一定会被录用的。"但让大家担心的事情还是发生了，几乎所有单位都以身高不够等理由拒绝了她，只有几家小型企业愿意录用她，可她不想去。在很长的时间里，她一度对自己很失望，压力特别大。出乎意料的是，3 年以后，当她回到学校拜访老师时，说起她自己在家乡的镇上已经办起了修配厂，而且效益可观。原来，她利用自己专业技术走了一条自主创业之路。她先借钱买了两个冰柜做起了冷饮生意，一个夏天就赚了 5000 多元，然后揣着这点钱到市中心的大学旁租一间小屋，做起了废品买卖。两年下来，积累了一

---

些资金，看着农用机械开始普及，而乡镇离市中心较远，修理、配件不是很方便，于是就买了两台旧设备，请了两名帮工，自己做师傅，在乡镇开起了修配厂。现在修配厂的生意很红火。她开心地说：“适合自己的才是最好的！”

## 任务实施

生活中每个人都要面对各种各样的压力，只有了解压力的来源才能积极地应对。下面，我们一起来寻找适合自己的心理调节方法（表5-1）。

表5-1　压力调适方法

| 我的职业压力主要来自…… | 我的心理调节方式… |
| --- | --- |
| 1. 不能客观认识自我 | 1. 大运动量的体育运动 |
| 2. 同事间的竞争 | 2. 找朋友倾诉 |
| 3. | 3. |
| 4. | 4. |
| 5. | 5. |

## 任务评价

议一议

以小组为单位，讨论生活中每个人面临的压力，分享适合自己的压力调适方法。

学以致用

### 学会换个角度思考

学会换个角度思考也是调整心理压力的重要手段。大多数毕业生在遇到下面的事情会出现的负面情绪：

（1）我的沟通能力不佳，不知道做什么工作好。

（2）领导很挑剔，总是看我不顺眼，真是烦死了。

（3）同事太难相处，一直对我指手画脚，说三道四，实在不行就换个地方吧。

（4）这份工作的工资待遇很差，可是中职毕业又能找到什么像样的工作呢？闹心。

实际上，我们可以重新定义上面的负面情绪：

（1）我的沟通能力不佳，但是我一定要努力锻炼、提升，也许我可以从事自由职业、技术类职业等。

（2）领导很挑剔，这磨炼了我的意志，也让我看到了自身一些不足的地方。

（3）虽然那个同事很难相处，但我是否可以退让一步，找到和他共同的话题。

（4）中职学历的事实不可回避，由于学历的局限，工资待遇差也是情理之中的。对于我们来说，积累经验和提高职业素养是最为迫切的。

重新定义后，也许事实仍然存在，但毕业生的心理负担却会减轻许多。这是减负和释放压力的重要方法。凡事往积极的方面去想，调整心态，冷静地思考问题，慢慢地就能学会轻松地面对压力。而且，人在没有压力的状态下更能充分发挥自己的才能，更容易将事情做好。

# 任务二　训练职场抗挫能力

## ▶ 任务目标

（1）明确自己的职业角色，克服不良的就业心理。

（2）掌握战胜职业挫折、提高职业适应能力的方法。

（3）在实践中训练抗挫能力，提高职业心理素质。

## 案例导入

**笑笑的烦恼**

　　笑笑到工作岗位还不到3个月，就经常和同学诉苦，师傅对她总是冷冰冰的，教她技术不是很热情主动，只有她问的时候才给予讲解。她平时工作很努力，却总得不到师傅的夸奖，但只要犯了一点小错，就会被师傅责骂，就连比她大1岁的小组长都训斥她。她身体不舒服，没有人关心她，起来晚了上班迟到一点点就被告知要扣工资。笑笑经常回忆在学校的日子，有老师的关爱、同学们的热情。但是在单位员工就像是一台机器，枯燥极了，没有成就感，更没有归属感。虽然现在的工资不算低，但还没到下次发工资就已经所剩无几了。总之，她感觉到心里很郁闷、焦虑、烦躁，觉得自己真的不想干下去了。

　　思考：笑笑在工作岗位上遇到了哪些问题？你对她有哪些建议？

## 知识链接

## 一、明确自己的职业角色

　　中职生圆满完成学业、走向某个岗位、准备开始工作时，学生的角色就宣告结束了。中职生将扮演另一社会角色。这需要一个正确认识新角色的过程。

## （一）正确认识新角色

学生角色与职业角色的根本不同主要体现在以下三个方面。

### 1. 社会责任不同

学生的主要责任是吸收知识，德、智、体全面发展；而职员的责任是履行岗位职责，依靠本领或技能为他人服务。两种责任的履行所产生的后果也是有区别的。学生角色责任的履行，主要关系到本人知识掌握得多少和能力培养的程度；而职业责任的履行，影响范围更广。

### 2. 社会规范不同

学生时期的规范多是从培养、教育学生的角度出发，以促使其成长为合格的人才，如遵守学校的规章制度等。社会赋予职业角色的规范，则因职业的不同而不同。

### 3. 社会权利不同

学生的权利有依法接受教育等。职员的权利则是依法行使职权，开展工作，在履行义务的同时取得报酬。

## （二）影响中职学生职业转换的因素

### 1. 依恋性

刚走上工作岗位的中职毕业生，在角色转换中容易出现怀旧心理。学生生活使他们养成了习惯性的学习、生活和思维方式。刚走上工作岗位，他们常常会不自觉地仍将自己放在学生的角色，对学生角色有依恋，以学生的角色来要求和对待自己，以学生的习惯方式观察事物和分析事物。

### 2. 畏缩性

刚步入社会的中职毕业生，在角色转换中还容易表现出一定的畏缩情绪。面对新的环境，一些中职毕业生不知工作如何下手，缩手缩脚，怕担责任，怕给人留下不良的第一印象，工作中放不开手脚，缺乏年轻人的朝气和锐气。

**3. 自傲性**

一些中职毕业生以为自己接受了正规教育，已经学到了不少知识和技能，因此看不起基层工作，认为从事基层工作是大材小用，有失身份。实际上是他们眼高手低，大事做不了，小事不想做。

**4. 浮躁性**

一些中职毕业生在角色转换中表现出不踏实、不稳定的特征。他们一阵子想干这项工作，一阵子又想干那项工作，对本职工作坚持不下来，缺乏敬业精神。

### （三）完成角色转变，适应职业生活

**1. 培养自己的独立意识**

中职生在工作中要做到经济上不依赖父母，独立地完成各项任务并处理好自己的日常事务；有正确的价值观，敢于对自己的言行承担责任，不依赖、不盲从。

**2. 改变看问题的角度**

把自己看作社会的一员，理解和适应社会的多元性和复杂性。不再渴望自己是他人关注的中心。学会关爱自己，维护自己的合法权益，承认人性的多元化，不用自己的价值观苛求他人，善于接纳不同的价值观的人，并与之合作；认同企业的目标是效益的最大化，并自觉服从它的管理方式和管理制度。

**3. 学会对自己的职业选择负责**

任何时候，无论出于何种原因，一旦我们选择从事某一职业，就应该承担责任，完成任务，恪守职业道德。

**4. 处理问题时注重动机和效果的统一**

做任何事情都要有明确的目标，注重实际效果，面对成功和失败的结果，不以自己已经努力了或客观因素不利作为借口。不仅要有良好的动机和愿望，也要保持理性，让事物向好的方向发展。

### 5. 处理好学习、工作与身体健康的关系

积极参加企业组织的各项培训和社会上对职业能力有帮助的培训，树立终身学习的理念。注意不断提高自己的技能操作水平，建立良好的人际关系。多观察、多思考，采取积极多样的学习方式从各方面提升自己。但同时要注意劳逸结合，保持身体健康。

### 6. 保持心理平衡

了解企业的人文环境和各种社会现象，能坦然面对工作和人际关系中出现的问题。积极合作，处事果断，多提建设性意见，不消极抱怨，谨防不良情绪的困扰，维护心理健康。

---

◎ **职场小故事**

**挫折，职场成功的前奏**

李杰从某中等职业学校文秘专业毕业后，在一家民营企业做了一名文员。她非常珍惜这份工作，对工作投入了所有的热情。然而，过了几个月，她开始闷闷不乐，觉得自己的工作压力很大。她在办公室里很少和同事说话，即便是遇到了工作中的问题，也不愿向同事请教，而是自己偷偷解决。

原来，这种行为是事出有因的。在刚上班不久，主任出门时交代一位同事发一份传真给客户。可当时大家都很忙，只有李杰能抽出时间来，于是，她很热情地主动帮那位同事发传真。李杰从来没有使用过这种传真机，她本以为自己一定能琢磨出来。可结果传真纸被卡在中间，她用力拉了一下，传真纸撕裂了。当时办公室很静，只听"嗤"的一声，一位同事笑出了声。

李杰当时觉得很丢人，脸涨得通红。幸好另一位同事走过来，帮她把传真发了出去。这次的尴尬经历让她开始谨小慎微，因为害怕同事私下笑话自己，李杰把自己封闭了起来。

---

## 二、中职生的心理不就业现象

### （一）心理不就业现象

心理不就业是一种客观存在的心理状态，主要指部分中职生心智不

成熟而不愿或不能就业，或者虽然就业，但态度不端正而不能持久。应排除已经有明确目标暂时不予就业的中职生，如毕业后虽暂时没有就业，但拥有明确的奋斗目标，并且已经付诸实际行动的学生。

心理不就业的中职生包括两类：一是由于性格原因，如胆怯、不愿吃苦等，毕业后赋闲在家，无所事事，一直没有走上工作岗位。很多中职生不愿就业的理由一般是"工作没意思""没心情工作""我还很年轻，玩两年再说"。二是毕业后虽然暂时勉强走上工作岗位，但是内心并不珍惜工作机会，在工作中没有全心投入，以工作太紧张、不适应环境、人际关系不好和希望再学习等原因随时可能撤离工作岗位，频繁跳槽。

**（二）心理不就业的原因**

**1. 有些中职生欠缺忧患意识，没有自食其力的观念和责任**

一般，这部分中职生的共同特点是家庭经济状况较好，父母对于子女娇惯、纵容，使其自立意识和能力薄弱。毕业对于他们来说只是一个形式。

**2. 有些中职生"长大不成人"，缺乏社会责任意识**

这部分中职生头脑中充斥着自我，只站在个人立场上考虑就业问题。虽然他们在生理年龄上已经是成年人，但是他们社会化成熟度低，个体责任和社会责任意识淡薄。如部分中职生在选择职业时，往往以自我为中心，以高工资、优环境为目标，贪图生活享受，不愿下车间，不愿从事艰苦行业。

**3. 错误的职业观**

如将收入水平等作为衡量个人价值的重要标志。

**4. 没有明确的学习目标**

有些中职生内在学习动机不足，对所学专业知识没有充分消化吸收，没有系统的专业知识，对知识的理解较肤浅，对技能的掌握较欠缺。而用人单位更愿意录用能力及素质水平较高的学生，看重求职者对知识的掌握和领悟，看重他们的人品，部分用人单位持宁缺毋滥的态度。所以，有些中职生很难在就业市场上有一席之地。

### 5. 有些中职生心理抗挫折能力薄弱，依赖性太强

这样的中职生缺乏自信心，在求职的过程中只要受到打击就会一蹶不振，很难重新振作起来，不能有效地分析问题和解决问题，主动、乐观地寻找出路，变得怨天尤人或者自暴自弃。

## （三）心理不就业的调节

### 1. 学会做人比学会做事更重要

现在的用人单位看重专业能力，更看重为人处世的态度、人际交往能力和团队精神。做事要先做人，人品在求职时是非常重要的。大量的实践证明，在职场中，企业领导人首先关注的是员工的做人原则。

> ◎ **职场小故事**
>
> **人格的吸引力**
>
> 某中等职业学校机电专业的毕业生小马在招聘会上选定了一家电机公司，准备投简历。然而，求职心切的应聘者争先恐后地将自己的简历往前递，现场秩序非常乱。小马实在看不下去了，大喊了一声："大家不要再往前挤了，排队好吗？"这时混乱的局面才得到控制，应聘者开始按顺序递材料。这家单位的用人标准很高，不少来自重点大学的学生都被拒绝了，而小马只是一名普通的中职生。当他把简历递上去时，招聘者问了一句："你是学机电一体化的吗？"然后便说，如果愿意，马上就可以签约。小马惊讶不已，半天才明白过来，一定是自己维持秩序的举动打动了招聘者的心。

### 2. 拥有专长也很重要

许多用人单位认为，选择人才不能只看专业，也要看专长和能力，看有没有培养和开发的潜力。他们认为求职者所学专业虽然重要，但其专长是不是符合企业和公司的需要也很关键。

◎ 职场小故事

**小白的成功求职**

　　小白是某中职学校电子商务专业的毕业生，毕业一天天临近，她也加入了找工作的队伍。但是，眼看离校的日子越来越近，她的工作还没定下来。这时，突然有一个机会，某市铁路部门要从本市职业学校中选拔几名为首长专列服务的特乘人员。小白因在学校表现出色，被学校推荐参加初试。几轮下来，小白仅排在第40名，这个位置显然是没有希望的。最后一次面试时，要求应聘者进行自我介绍。小白对考官说：“尽管我是学电子商务专业的，但我一直在努力学英语，我想用英语来进行自我介绍，好吗？”征得同意后，小白以其良好的心理素质、流利的口语和大方得体的举止，征服了在场的考官。最后的结果也令小白意外，她被录用了。

### 3. 适应新环境比敢于竞争更重要

　　（1）生理上的适应。工作的作息时间与校园作息不一致，如有的企业需要倒班或加班。

　　（2）心理上的适应。学生参加工作后，要为自己的行为负责任。不像家庭生活和校园生活中，中职生作为子女和学生，是一个被呵护的对象。进入职场后，员工的行为会影响工作成效，后果只能由员工自己来承担。

　　（3）人际关系的适应。学校中的人际关系相对简单，学生主要接触的是老师和同学，沟通也比较顺畅，也容易建立纯真的友谊和感情。但工作后接触的人则复杂了许多，有上下级，有年龄和性格相差很大的同事，人际关系不像校园里那样简单明了，要用心观察分析，建立良好的人际关系。

　　（4）工作性质与工作环境的适应。工作任务主要有哪些？需要和哪些人分工合作？自己能否胜任工作？自己的能力、兴趣和性格是否能适应这个工作？这些都需要员工去了解并适应。

　　（5）制度的适应。初入职场的人必须熟悉用人单位的一系列制度，记住违反制度就要受到处罚。

　　（6）文化的适应。企业文化与学校文化有诸多不同之处。企业面对的是客户和合作伙伴，特别强调“服务”与“合作”，客户至上，效率为先。

（7）个人生活的适应。开始工作就意味着毕业生在生活上开始独立，这就需要他们安排好自己的个人生活。

### 4.专注行动比关注知识更重要

现在企业都要求员工有良好的品质、较强的创新能力和动手能力。例如，海尔集团在某地区的职工基本是职业学校的毕业生。因为与普通高中生相比，中职生有一定优势，即动手能力强，进入角色快，具有较高的职业素养，适应能力强，且企业与学校的联合办学使专业学习的针对性强。经过几年的联合培养，很多中职生的操作技能提升幅度增大。所以，中职生在校期间一方面要做好知识的积累，另一方面要重视专业技能的训练，这样才能发挥自身在职业竞争和从业过程中的优势。

## 三、学会战胜职业挫折，积极适应职场生活

初入职场的中职生都可能遭遇挫折。例如，你所在的公司突然宣布要裁员，而你就在那名单中；你每日辛苦地工作，而公司却认为你的付出一文不值，否定你的业绩；虽然付出了很多努力，但还是不能把工作做得很好；换了很多工作，却一直找不到真正适合自己的工作等。这些每天都可能发生在我们身上。那我们应该怎样应对职场挫折呢？

### （一）适度倾诉

寻找合适的对象适度地倾诉。倾诉作为一种健康防卫方法，无副作用且效果较好。如果倾诉对象具有较高的学识、修养和丰富的实践经验，他会给受挫者以适当安慰，使其鼓起勇气，引导其朝正确的方向前进。通常受挫者在向人倾诉之后会有意想不到的收获。

### （二）寻找自己的优势

人在遭受挫折后常常会认为自己很倒霉。如果这时冷静地想一想，就会发现其实并不是这样。要平心静气，找出自己的优势，并强化优势，

从而增强自信心和对挫折的承受力。挫折同样蕴含力量，处理得好即可激发出潜力。

### （三）用平常心坦然面对挫折

职业挫折无法避免，要用平常之心去坦然面对，不能消沉，不能被挫折击垮。要学会理性思考，分析挫折产生的原因，越周详、越具体越好。要学会归纳与总结经验教训，找到战胜挫折的好方法。

◎ **职场小故事**

**明丽的成功转型**

明丽在中职学校学的是物流专业。毕业后，她认为自由、充满变化的生活更适合自己，所以就放弃中职学校所学的专业，积极准备去应征时装模特。在一系列的训练后，她终于当上了正式的模特。模特的生活的确比较自由，充满变化，也让她见识到了时尚界的变化，她很享受自己的工作和生活，也觉得很有成就感。但是两年后，她对这种不规律的生活感到疲倦，工作失误越来越多，和老板、同事的关系愈发紧张，一想到上班就有回避的想法。于是，经过一段时间的思考，她决定辞职，并开始准备进修文秘专业。后来，在她的努力下，通过应聘成了公司文员，过上了有规律和平稳的生活。

### （四）规划职业

职场上的挫折可能打乱了原有的工作步骤。但挫折也可以让我们反思之前所走的道路是否正确，是否真的适合自己，自己的职业是否按照规划、自身意愿在进行。

挫折后重新审视自己的职业目标是否合适非常重要。如果大方向没错，那就考虑方法或阶段的目标是否合适。值得注意的是，不管当前的挫折处理得怎么样，进行系统科学的职业规划才是取得职业成功、少走弯路的根本保障。

⏱ **任务实施**

### 游戏：小鸟长大

游戏内容：两个蛋猜拳，胜者变小鸟；小鸟找小鸟猜拳，胜者变人；人找人猜拳，胜者变王；如果输了，就倒退一个。（蛋—小鸟—人—王）

游戏规则：

（1）真实，诚实。

（2）不到时间不能停止。

（3）结束后记住自己的身份。

📝 **任务评价**

议一议

交流游戏后的感受。

学以致用

### 两只兔子

两只小兔在森林快乐地玩耍，不小心掉进了路边的陷阱里。陷阱底部离地面虽然不太高，但这足以让两只小兔子体验到什么是灭顶之灾。

一只小兔想：完了！完了！离地面这么高，我永远也出不去了。另一只小兔却没有沮丧，而是不断地告诫自己："陷阱是考验我是否有坚强的意志和战胜困难的勇气，我一定能够跳出去。"它鼓足勇气、使足力量，一次又一次地跳跃。

不知过了多久，那只勇敢的小兔子经过不懈的努力和奋斗终于换来自由——它从陷阱里奋力地跳了出来，重新回到了地面。而那只悲观失望的小兔子，却没有机会脱离险境，永远留在了陷阱里。

**思考:**（1）如果你是只掉进陷阱里的小兔，你会怎么想？怎么做？

　　　　（2）看了这个故事后，你想对这两只小兔说些什么呢？

**小结:** 我们要像那只逃生的小兔一样、勇敢面对挫折，面对失败。在生活中，当我们面对困难时，应该多动脑筋，想出最佳的解决困难的方法，并在挫折中振作起来。

拓展训练

## 抗挫折心理测试

（1）在过去的一年中，你自认为遭受挫折的次数（　　　）

　　A.0～2次　　　　B.3～4次　　　　C.5次以上

（2）你每次遇到挫折，（　　　）

　　A.大部分都能自己解决　　　　B.有一部分能解决

　　C.大部分解决不了

（3）你对自己才华和能力的自信程度如何？（　　　）

　　A.十分自信　　　B.比较自信　　　C.不太自信

（4）你对棘手的问题经常采用的方法是（　　　）

　　A.知难而进　　　B.找人帮助　　　C.放弃目标

（5）有非常令人担心的事时，你（　　　）

　　A.无法工作或学习　　　　B.工作或学习照样不误

　　C.介于A、B之间

（6）碰到讨厌的对手时，你（　　　）

　　A.无法应付　　　B.应付自如　　　C.介于A、B之间

（7）面临失败时，你（　　　）

　　A.破罐破摔　　　B.使失败转化为成功　　　C.介于A、B之间

（8）工作或学习进展不快时，你（　　　）

　　A.焦躁万分　　　B.冷静地想办法　　　C.介于A、B之间

（9）碰到难题时，你（　　　）

    A. 失去自信　　　B. 为解决问题而动脑筋　　　C. 介于 A、B 之间

（10）工作中感到疲劳时，你（　　　）

    A. 总是想着疲劳，脑子不好使了

    B. 休息一段时间，就忘了疲劳

    C. 介于 A、B 之间

（11）工作条件恶劣时，你（　　　）

    A. 无法工作　　　B. 能克服困难干好工作　　　C. 介于 A、B 之间

（12）产生自卑感时，你（　　　）

    A. 不想再干工作　　　　B. 立即振奋精神去干工作

    C. 介于 A、B 之间

（13）上级或老师给了你很难完成的任务时，你会（　　　）

    A. 顶回去了事　　　B. 千方百计干好　　　C. 介于 A、B 之间

（14）困难落到自己头上时，你（　　　）

    A. 厌恶之极　　　B. 认为是个锻炼　　　C. 介于 A、B 之间

**评分分析：**

1～4 题，选择 A、B、C 分别得 2、1、0 分；

5～14 题，选择 A、B、C 分别得 0、2、1 分。

19 分以上：说明你的抗挫折能力很强。

9～18 分：说明你虽有一定的抗挫折能力，但对某些挫折的抵抗力薄弱。

8 分以下：说明你的抗挫折能力很弱。

# 项目六

## 维护合法权益，强化维权意识

◁ **项目导引**

进入职场之后，我们既要履行岗位职责，出色地完成工作任务，又要维护自己正当、合法的权益。如何维护自己合法权益？我们要了解相关法律知识，做到知法、懂法，做一个理想的职业人，警惕身边的侵权行为。当自己的权益受到侵犯时，要学会拿起法律的武器维护自己的合法权益。

◎ **项目目标**

（1）熟悉劳动者的合法权益。

（2）掌握常见的侵权行为及维权的方法与途径。

（3）模拟签订劳动合同。

# 任务一　熟悉劳动者的合法权益

## ▶ 任务目标

（1）了解劳动者的合法权益。

（2）了解常见的侵权行为及维权的方法与途径。

## 👤 案例导入

　　23岁的李梅在某酒店招聘中，经考核被录用为客服人员。酒店与李梅签订了为期三年的劳动合同。合同条款之一是：因服务业的特殊要求，凡被录用为本酒店员工的，不经公司批准在合同期内不得结婚。否则，酒店有权提前解除合同。李梅无奈在合同上签字了。

　　思考：李梅与该酒店签订的合同有效吗？为什么？

## 🔗 知识链接

　　中职毕业生作为就业的一个重要主体，在就业过程中享有多方面的权益。中职毕业生应增强法律意识，掌握权益保护的方法和途径，并运用法律武器来维护自己的合法权益。

## 一、中职毕业生的基本权益

### （一）平等就业权

　　中职毕业生在求职过程中，享有平等就业权。应遵循平等、公平、公正的原则，在国家就业方针、政策的指导下自主择业。

### （二）接受就业指导权

中职生有权在学校接受就业指导，学习就业相关知识。中职生就业指导的内容包括国家有关就业的政策，中职生就业的方法及技巧。就业指导主要是引导中职毕业生根据国家、社会需要，结合个人实际情况进行择业，使中职毕业生准确定位，合理择业。

### （三）获取信息权

就业信息是中职毕业生择业成功的前提。只有获取了充分的就业信息，才能结合实际情况选择适合自身的发展的用人单位。中职毕业生获取信息权，包括三个方面的含义，即信息公开、及时和准确。

### （四）被推荐权

这是中职毕业生享有的基本的权益。中职学校在就业工作中的一个重要职责即向用人单位推荐中职毕业生。这是中职学校最起码的责任。中职学校的推荐往往在一定程度上会影响用人单位对毕业生的录取。被推荐权包括以下几个方面含义，即公平推荐、如实推荐和择优推荐。

### （五）选择权

中职毕业生只要符合国家的就业方针、政策，就可以自主地选择用人单位。中职学校、其他单位或个人均不得干涉。任何将个人意志强加给中职毕业生，强令中职毕业生到某单位的行为都侵犯了毕业生选择权。中职毕业生可结合自身情况自主与用人单位协商，要求中职学校予以推荐，直至签订就业协议。

### （六）公平待遇权

用人单位在录用毕业生的过程中，应公平、公正，一视同仁。目前，有些用人单位录用中职毕业生还存在不同程度的不公平、不公正的现象，如只录用男生或是只招聘本地毕业生等。

### （七）违约求偿权

中职毕业生、中职学校、用人单位三方签订就业协议后，或者中职毕业生与用人单位双方签订劳动合同后，合同当事人都应严格履行协议，任何一方不得擅自违约。如果用人单位无故违约，中职毕业生有权要求对方继续严格履行就业协议或者要求对方承担违约责任，支付违约金。要求用人单位进行违约补偿是中职毕业生就业权益的一项重要组成部分。

## 二、常见的侵权行为

### （一）用人单位在招聘、面试中对求职者权益的典型侵害

#### 1. 歧视行为

歧视行为包括性别歧视、学历歧视、经验歧视、形象歧视、年龄歧视、身高歧视和地域歧视等。

#### 2. 虚假广告

有些用人单位为了招到素质较高的毕业生，往往会发布虚假的广告，夸大或隐瞒自己的一些情况。如果中职毕业生在这种企业上浪费了时间，可能会错过真正适合自己的好的公司或岗位。如果中职毕业生觉得某家单位特别理想，一定要全方位地了解这个单位的相关情况。

#### 3. 侵害应聘学生的知情权

如面试时，用人单位提出各种问题了解中职生的情况，而当中职生询问企业情况的时候，企业回避问题甚至迁怒于学生，这样"双向选择"就成了"单项通道"。招聘单位因为掌握中职生的详细资料而能从容筛选，而中职毕业生却因了解到的信息不全面很难做出正确的选择。

### （二）试用期侵权的集中表现

#### 1. 试用期过长

试用期是用人单位和劳动者为相互考察、了解对方当事人而约定的期

限。《中华人民共和国劳动法》规定了试用期的大原则，即试用期不能超过6个月。如果试用期过长，则是侵犯中职生权益的行为。

### 2. 把"试用期"变成了"剥削期"

有的用人单位抓住"试用期"，支付超低工资，甚至不支付工资，从而构成对中职生基本权益的侵害。

### 3."只试用，不录用"的恶意侵权行为

《中华人民共和国劳动法》规定"在试用期内被证明不符合录用条件的"，用人单位可以解除劳动合同。所以，有些不良的用人单位在中职生试用期满之后，找出各种理由，诸如"你迟到了两次，说明你时间观念不强""你生病了，说明你的身体不健康"等，以此不录用中职毕业生。

## （三）协议、合同签订阶段侵权行为

### 1. 必备条款缺失

劳动合同分为有固定期限劳动合同、无固定期限劳动合同和以完成一定的工作为期限的劳动合同。其中至少应具备以下7种条款：合同期限、工作内容、劳动条件和劳动保护、劳动报酬、劳动纪律、合同终止条件、违反劳动合同的责任。特别要注意的是劳动报酬条款。一些企业提供的合同上规定，劳动报酬"不低于本市最低工资"，这实际上等于没做任何规定。有的单位顾及行业机密等原因不填劳动报酬，甚至填一个假数字；有的单位工资本来就是浮动制，因此也回避填写；然而有的单位纯粹是为了吸引人，故意许诺高职、高薪，且不加任何约定，到时又以各种原因拒绝履行协议。

### 2. 违反协议或合同的违约金

违约金的规定参照《中华人民共和国劳动合同法》第二十二、第二十三条。要注意有的用人单位以虚假广告诱骗毕业生签订协议书，但在协议书上规定了很高的违约金。还要注意的是，劳动合同中只规定求职方的违约责任是不公平的。企业违约同样要负责任。

### 3. 合同文本中有违法条款

有些企业规定"女工 3 年内不得结婚",这显然是违反《中华人民共和国婚姻法》的。有些企业给予高工资,但是以不给职工上社会保险为条件,这也是违法的。如果合同中出现违法条款,虽该条款无效,但容易导致员工与企业发生纠纷。所以中职毕业生签约前要对合同条款的内容进行认真研究。

### 4. 侵犯学生的选择权

只要符合国家的就业方针、政策,中职毕业生就可以自主地选择用人单位。有的学校为了提高就业率,或为了保持与用人单位的合作关系,要求毕业生到某单位的行为就侵犯了毕业生选择权。

### 5. 其他侵权行为

有些企业担心学生签订协议后反悔,收取抵押金或扣留学生有效证件的行为属于不合法行为。用人单位不得以任何理由,向毕业生收取报名费、培训费、押金、保证金等,并以此作为是否录用的决定条件。

## 三、中职毕业生权益保护的方法与途径

### (一)国家及有关部门就业权益的保护

(1)我国政府和有关部门制定了一系列的与毕业生就业相关的法律法规,如《中华人民共和国教育法》《中华人民共和国合同法》《中华人民共和国劳动法》《劳动保障监察条例》《中华人民共和国公务员法》等。

(2)各地教育主管部门根据本地实际情况出台了有关毕业生就业的规范性文件。

(3)中职学校结合实际,根据关键的就业方针、政策和规定以及主管部门工作意见,制定了学校工作实施办法、细则。

### (二)就业主管部门的保护

就业主管部门可通过制定相应的规范来保护毕业生的权益,并对侵犯

毕业生的行为进行抵制或处理。

### （三）中职学校的保护

中职学校对毕业生的保护最为直接。对于用人单位在录用毕业生的过程中的不公平、不公正的行为，学校有权予以抵制；对于用人单位与毕业生签订不符合规定的协议，学校有权不予同意。

### （四）毕业生的自我保护

毕业生的就业权益受到侵害后，可以请求学校保护或者劳动保障监察机关保护。除此之外，毕业生要自我保护，要熟悉和了解有关法律常识及规定，增强法律意识。在签订就业协议与劳动合同的过程中，毕业生应正确认识自己的权益，用法律手段维护自身合法权益。

### 🕐 任务实施

某中职学校毕业生小陈毕业时到人才交流中心应聘，她连续应聘了几家企业，都因为是女性而被拒绝。终于有一家单位同意聘用她，但要求小陈在5年内不能结婚生育，小陈只好放弃了。无奈之下，小陈来到一家很小的制鞋厂打工。那里的工作条件差、工作时间长，小陈经常要加班。由于小陈在工作中经常接触含有甲苯的有毒胶黏剂，且工作场所通风条件差，小陈经常出现头晕、呕吐等症状，有时甚至晕倒。一次取料时她从楼梯上滚下来，右臂粉碎性骨折，治疗了很长时间仍未痊愈，丧失了劳动能力。不能继续工作的小陈没有了生活来源，也没有钱来继续治疗，生活陷入了困境。鞋厂厂主却以合同中没有涉及相关保护条款为由，拒绝付给小陈医疗费及赔偿金。

以小组为单位充分讨论下面三个问题，并分享讨论结果。

（1）因为小陈是女性而拒绝聘任她，这样的做法对吗？为什么？

（2）另一家企业要求小陈在5年内不能结婚生育，否则就会被辞退，这样的做法合法吗？

（3）鞋厂厂主应该付给小陈医疗费及赔偿金吗？为什么？

## 任务评价

### 议一议

哪个小组的回答有理有据且最全面？

### 学以致用

#### 实习新规答记者问，为职校实习生保驾护航（部分）

实习是职业教育的重要环节。实习既是专业学习和技术技能训练的必备途径，也是锤炼意志品质、提前熟悉岗位、引导融入社会的重要方式。2021年12月31日，教育部等八部门印发《职业学校学生实习管理规定》（以下简称《规定》），对2016年教育部等五部门联合印发的《职业学校学生实习管理规定》进行了修订。修订后的《规定》包括总则、实习组织、实习管理、实习考核、安全职责、保障措施、监督与处理、附则等8章、50条。修订后的《规定》进一步明确了实习参与各方的责任、权利和义务，规范了实习各环节过程的基本要求。日前，教育部职业教育与成人教育司负责人就修订《规定》有关问题回答了记者提问。

请问《规定》针对学生实习做出了哪些规定？

答：《规定》着眼于实习全过程，针对关键节点，通过1个"严禁"、27个"不得"为实习划出红线、明确行为准则。

一是针对实习内容不对口的问题。规定不得安排与专业无关的简单重复劳动、高强度劳动，明确实习内容"应基本覆盖专业所对应岗位（群）的典型工作任务，不得仅安排学生从事简单重复劳动"，不得"安排学生从事Ⅲ级强度及以上体力劳动或其他有害身心健康的实习""严禁以营利为目的的违规组织实习"。

二是针对强制实习的问题。进一步保障学生和家长的知情权。明确统一组织的岗位实习应当取得学生、家长或学生监护人签字的知情同意书，对学生及其法定监护人或家长明确不同意学校实习安排的，可自行选择符合条件的岗位实习单位。不得强制职业学校安排学生到指定单位实习，不得扣押学生的学生证、居民身份证或其他证件。

三是针对中介机构参与学生实习的问题。中介机构介入实习赚取"人头费"，是产生强制实习、付费实习的重要源头，社会反应较为强烈。《规定》明确实习三方协议必须由职业学校、实习单位、学生三方签署，重申不得通过中介机构或有偿代理组织、安排和管理学生实习工作。违反本规定从事学生实习中介活动或有偿代理的，由相关部门依法依规追究责任；构成犯罪的，依法追究刑事责任。

四是针对学生实习加班和考勤的问题。在不得"安排学生加班和夜班"基础上，进一步增加了实习单位应遵守国家关于工作时间和休息休假的规定，保障学生在岗位实习期间按规定享有休息休假、获得劳动卫生安全保护、接受技术技能指导等权利的要求，明确"不得简单套用实习单位考勤制度，不得对学生简单套用员工标准进行考核"。

五是针对学生实习报酬和费用的问题。规定实习单位应给予学生适当的实习报酬，原则上不低于本单位相同岗位工资标准的80%或最低档工资标准、支付周期不得超过1个月，不得以物品或代金券等代替货币支付或经过第三方转发，不得向学生收取实习押金、培训费、实习报酬提成、管理费、实习材料费、就业服务费或者其他形式的实习费用，不得要求学生提供担保或者以其他名义收取学生财物。

**思考：**实习生在实习期间应注意什么？

# 任务二　模拟签订劳动合同

## 任务目标

（1）理解劳动合同的基本内容。

（2）掌握签订劳动合同的注意事项。

## 案例导入

> **要约与要约邀请**
>
> 　　中职毕业生小潘在一次现场招聘会上看到一家单位非常适合自己，对招聘广告上"单位每月提供住房补贴 500 元"感到很满意。但后来，小潘发现自己的工资单里并没有 500 元住房补贴。她马上向办公室反映，办公室工作人员说该补贴单位已取消了，并拿出了双方签订的劳动合同给小潘看，合同上也没有约定单位要支付她该补贴。小潘哑口无言。
>
> 　　一般来说，招聘广告中的承诺，在法律上并非要约，而是要约邀请。用人单位对招聘广告中的内容并非必须承担履行义务。
>
> 　　**思考：** 小潘的遭遇给了你什么警示？

✎ **知识链接**

劳动合同指劳动者与用人单位确立劳动关系、明确双方权利和义务的协议。建立劳动关系应当订立劳动合同。劳动者同国有企业、国家机关、事业单位、非国有企业、个体经济组织等用人单位之间订立的、明确双方权利和义务的协议也就是劳动合同。劳动合同按照标准可划分为不同的种类。以合同的目的为标准，可划分为聘用合同、录用合同、借调合同、停薪留职合同；按照有效期限的不同，可划分为固定期限的合同、无固定期限的合同和以完成一定的工作为期限的合同；按劳动者人数不同，又可划分为个人劳动合同、集体劳动合同等。

## 一、劳动合同的基本内容

劳动合同的基本内容指双方当事人在劳动合同中必须明确的、各自的权利义务及其他问题。劳动合同内容是劳动关系的实质，也是劳动合同成立和发生法律效力的核心问题。如果一份劳动合同缺乏实质性的权利义务条款，或者所规定的权利义务条款含义不清，模糊混乱，这份劳动合同就没有意义。

劳动合同的内容，可以分为法定条款和协商条款两部分。前者是指劳动合同必须具备的由法律、法规直接规定的内容；后者是指无须由法律、法规直接规定，而是由双方当事人自愿协商确定的合同内容。

## 二、劳动合同订立的原则

根据《中华人民共和国劳动合同法》第三条的规定，订立劳动合同应遵循合法、平等自愿、协商一致、诚实信用的原则。

### （一）合法原则

劳动合同的订立必须遵守国家的宪法和各种法律、法规，不得违反。

### （二）平等自愿、协商一致原则

平等自愿、协商一致原则指签订合同的双方当事人，在协商、签订劳动合同的过程中地位是平等的，任何一方不得将自己的意愿强加于对方，不得用强制、胁迫或第三者非干预等手段，不得要求对方签订不平等的劳动合同。

### （三）诚实信用原则

在签订劳动合同的过程中，双方应以诚实的态度，不可隐瞒、欺骗、伪造事实，否则签订的劳动合同无效。签订劳动合同后，应自觉遵守合同条款，认真履职。

## 三、劳动合同应当具备的条款

《中华人民共和国劳动合同法》第十七条规定，劳动合同应当具备以下条款：①用人单位的名称、住所和法定代表人或者主要负责人；②劳动者的姓名、住址和居民身份证或者其他有效身份证件号码；③劳动合同期限；④工作内容和工作地点；⑤工作时间和休息休假；⑥劳动报酬；⑦社会保险；⑧劳动保护、劳动条件和职业危害防护；⑨法律、法规规定应当纳入劳动合同的其他事项。

劳动合同除前款规定的必备条款外，用人单位与劳动者可以约定试用期、培训、保守秘密、补充保险和福利待遇等其他事项。

## ××公司劳动合同书

××公司（以下简称甲方）现聘用＿＿＿＿＿＿＿同志（以下简称乙方）为甲方合同制职工，双方于×年×月×日自愿签订本合同。

1. 乙方工作部门：＿＿＿＿＿处＿＿＿＿＿科（乙方职位）。

2. 试用期＿＿＿＿月，试用期内任何一方有权提出终止合同。若试用期满双方无异议，乙方转为甲方正式合同制职工。

3. 工作安排：甲方根据工作需要安排乙方工作，乙方服从管理。

4. 教育培训：甲方负责乙方的业务技术、安全生产的培训。

5. 生产、工作条件：甲方为乙方提供符合国家规定标准的安全卫生工作环境。

6. 工作时间：乙方每周工作五天，每天工作不超过8个小时。加班有加班费。

7. 劳动报酬：甲方每月按本公司规定的工资形式和考核办法，以人民币支付乙方工资和奖金。

8. 社会保险和福利待遇：甲方按照国家规定的社会保险制度，为乙方缴纳养老保险金、医疗保险、失业保险等，并代扣个人所得税。

9. 休假待遇：享受国家法律规定的带薪假期。

10. 劳动保护：甲方根据工作需要向乙方提供劳动保护用品。

11. 劳动纪律：乙方遵守国家的法律规定，遵守甲方的各项规章制度。

12 奖惩：甲方根据乙方业绩给予奖励，乙方违反甲方的《职工守则》，按规定处理。

13. 合同期限：本合同自签订之日起生效，有效期为＿＿＿＿＿年，于＿＿＿＿＿＿年＿＿＿＿月＿＿＿＿日到期。

甲方　　　　　　　　　　　　乙方

总经理签章　　　　　　　　　职工个人签章公司

年　　月　　日　　　　　　　年　　月　　日

## 四、签订劳动合同的注意事项

### （一）劳动者应及时与用人单位签订劳动合同

就业协议是毕业生与用人单位确立就业关系的法律依据，与劳动合同效用不等同。毕业生到应聘单位工作，应与用人单位建立劳动关系，即从工作开始就应签订劳动合同。《中华人民共和国劳动合同法》第十条规定，已建立劳动关系，未同时订立书面劳动合同的，应当自用工之日起一个月内订立书面劳动合同。毕业生为了保障自身的合法权益，应与用人单位签订书面劳动合同。《中华人民共和国劳动合同法》第十四条规定，用人单位自用工之日起满一年不与劳动者订立书面劳动合同的，视为用人单位与劳动者已订立无固定期限的劳动合同。第八十二条规定，用人单位自用工之日起超过一个月不满一年未与劳动者订立书面劳动合同的，应当向劳动者每月支付二倍的工资。

### （二）明确劳动合同的必要条款

毕业生应学习《中华人民共和国劳动合同法》，并掌握相关规定。在订立劳动合同的过程中，应明确哪些是必备条款，条款中有无违反法律、法规的规定，做到心中有数，才能保障自身的合法权益。

### （三）毕业生有知情权、协商权

毕业生签订劳动合同的知情权指毕业生有权了解合同内容、了解单位规章制度。对条款如有不明白的地方可以提出疑问，对方应如实解释清楚以免造成毕业生判断错误。劳动关系属于民事关系，所以它也适用。"有约定从约定，没约定从法定"的法律原则，订立劳动合同鼓励"约定"原则。既然是约定就应双方平等协商，初到单位毕业生不要有胆怯心理，对合同有异议的要提出，能接受的就签订，协商不统一的就不要签，以免日后发生纠纷。

### （四）依法确定试用期，明确违约补偿规定

试用期要依法规定清楚。根据《中华人民共和国劳动合同法》第十九条规定，劳动合同期限三个月以上不满一年的，试用期不得超过一个月；劳动合同期限一年以上不满三年的，试用期不得超过二个月；三年以上固定期限和无固定期限的劳动合同，试用期不得超过六个月。

订立合同要明确双方出现违约情况、违约行为应承担的责任，明确违约赔偿金额等。《中华人民共和国劳动合同法》规定，用人单位为劳动者提供专项培训费用，对其进行专业技术培训的情况的，可以与该劳动者订立协议，约定服务期。

### （五）劳动合同的保管

劳动合同由用人单位和劳动者各执一份，劳动者应妥善保管好本人的劳动合同。如果用人单位提供的劳动合同文本未载明必备条款，或者用人单位未将劳动合同文本交付劳动者的，由劳动行政部门责令改正；给劳动者造成损害的，应当承担赔偿责任。

### 🕐 任务实施

**模拟签订劳动合同**

步骤一 教师统筹安排，把全班同学分为 A、B 两大组，并将 A、B 两大组分别细分为若干小组。

步骤二 A 组学生扮演用人单位，在劳动合同上"做手脚"，"侵犯"求职者的利益；

B 组学生扮演求职者，求职者要从中筛选出"黑心"合同，保护自己的合法权益。

## 📝 任务评价

选一选

评出"最佳编剧奖""最强法律意识奖",并让学生分享在签订劳动合同时应该注意的问题。

学以致用

### 无效劳动合同

无效劳动合同,是指不具有法律效力的劳动合同。《中华人民共和国劳动合同法》第二十六条规定,下列劳动合同无效或者部分无效。

(一)以欺诈、胁迫的手段或者乘人之危,使对方在违背真实意思的情况下订立或者变更劳动合同的;

(二)用人单位免除自己的法定责任、排除劳动者权利的;

(三)违反法律、行政法规强制性规定的。

对劳动合同的无效或者部分无效有争议的,由劳动争议仲裁机构或者人民法院确认。

无效劳动合同从订立之日起,就没有法律约束力,不受法律的保护。但这并不就是说,所有的无效劳动合同,其合同的全部条款都是无效的。有的劳动合同,只是部分条款无效,其余条款仍然有效。对于这类劳动合同,应当根据无效的程度和范围区别对待,不能一概否定。如果其无效部分的条款并不影响其余部分条款的效力,则其余部分仍应视为有效。例如,有的劳动合同规定的工作岗位、工资、保险福利、争议处理等条款均符合国家法律法规的规定,仅工作时间条款规定过长,超过了国家法定工作时间。这种劳动合同属于部分无效劳动合同,可按《中华人民共和国劳动合同法》规定对工作时间条款进行修改,其余条款仍可继续执行。

拓展训练

## 判断是否是无效合同

根据《中华人民共和国劳动合同法》，找一下相关的法律条款，分析下面的案例是否属于无效合同。

案例1：小王高中毕业后，买了一个假本科文凭，想到大城市去闯荡。因为小王口才不错，做事也比较老成、稳重，所以他成功地与一家公司签订了劳动合同。但是，不久公司经理便发现他的学历是假的，在合同还未到期的时候辞退了他。小王不服气，说自己与公司签订的合同还未到期，公司无权辞退自己。公司经理拿出《中华人民共和国劳动合同法》，他立刻傻眼了。

案例2：张亮中职毕业后在某公司找到了工作，但是他与该公司签订合同时，有一些条款张亮不同意，不肯签约。公司就威胁他说不签就辞退他，张亮害怕被辞退，于是被迫签了合同。

上述合同是不是无效合同？找出相应的法律条款。

创业模块

# 项目七

## 认识自主创业，把握创业商机

⊲ 项目导引

不是每个人都适合创业，也不是每个人都能够创业。要想成功创业，需要具备哪些方面的素质呢？带着这些问题，我们进入项目七的学习。在本项目中，我们将学习创业者必备的素质、创业的实务知识，并通过创业测试检测劳动者的创业素质。

◎ 项目目标

（1）训练创业能力。
（2）做好创业的准备。

# 任务一　训练创业能力

## ▶ 任务目标

（1）掌握创业需要具备的能力。

（2）对照自己，查找不足，训练创业能力。

## 👤 案例导入

### 创业的秘诀

中职毕业后干起家电维修的小胡和小姜，以修收录机、电视机为生。但前者是一个经营上的"不安分者"，后者则是一个循规蹈矩的"老实人"。之前，小胡又突发奇想，寻找到新的商机：他发现当地的农民用上了自来水后，将来就有可能使用洗衣机，有洗衣机便会有维修洗衣机的业务。于是，他买回本地市场上常见品牌的洗衣机供周围的人使用，目的之一就是让人们尝尝洗衣机的甜头，目的之二是学习洗衣机的结构、保养和维修。不出所料，一年后，一台台洗衣机进入农村，洗衣机维修业务几乎全被小胡包揽了，而小姜只能眼睁睁地看着自己失去一次扩大维修范围的机会。人们遇到的问题和未满足的需要总是能够给创业者提供新的商机。优秀创业者的一个基本素质就是善于从他人遇到的问题中发现机会，主动把握机会。

**思考：**学习了这个案例，你有何感想？

⊗ **知识链接**

创业活动是创业者在识别商机的基础上，应用多种创业资源实现创业目标的过程。创业是一个复杂的系统工程，它要求创业者随时解决创业过程中的技术、经济、社会关系等问题。一个成功的创业者要有解决创业问题的本领，这种本领就是创业能力。那么，创业者应具备什么能力呢?

## 一、市场洞察能力

创业者必须具有敏锐的市场洞察能力。洞察能力也是一种观察能力。尽管人人都能观察，但观察的风格和得到的结果却可能大相径庭，有人浮光掠影，走马观花，视而不见，见而不疑，无法从观察中发现新的商机。有人却独具慧眼，见微知著，能从观察中悟出商机创意，发现新商机。

市场洞察是一种有目的、有计划、有步骤的创业感知活动，是在创业实践中运用观察方法与技巧了解被观察事物，并据此获得创业创意的过程。创业者具有的市场洞察能力，就是善于用敏锐的眼光去看（观），用创新的思维去想（察）。

创业的机会很多，但奇迹往往隐没于平凡之中。判断一个创意的市场价值、一项发明的应用前景、一个市场的开发潜力都需要敏锐的眼光。机会稍纵即逝，但是若能抓住，它就有可能给创业者带来很大的收获。

## 二、创业决断能力

创业的机会很多，但并不是任何一个创业机会都可以付诸实施。创业者必须进行分析判断，做出创业决策。创业环境是复杂的，在这个环境当中，政治的、经济的、文化的要素相互联系，任何方案都不是完备的和确定的，这就需要创业者有全局的战略眼光和战略决断的能力。在现在这样一个新生事物层出不穷的时代，只有正确认识知识经济的发展规律，准确分析市场的发展变化，把握国家的政策法规，才能够抓住创业机会。

## 三、网罗人才能力

任何人都不是也不可能是全才。创业者可能是发现机会的人，可能是制订计划的人，但整个创业过程不可能由一个人完成。一个成功的创业者，必须在潜在候选人中选择最适合的事业发展助手，比如技术专家、市场营销专家、财务主管专家等。此外，创业阶段的企业还需要企业外部机构的支持，如银行机构、风险投资基金以及一些政府机构等。因此，创业者需要具有网络人才的能力。

如何能够更好地网罗人才，知人善用呢？这就需要具备以下几种能力。

### 1. 鼓舞人心的能力

人们心中的热情的火种，需要被激发出来。热情是工作、生活的原动力，作为一名领导者，要能够将员工心中的热情激发出来。

### 2. 亲和力

有亲和力的创业者可以更好地团结身边的同事、朋友，让别人感觉到自己被信赖，拥有温暖人心的魅力。

### 3. 领导协调力

创业者不仅要引导同事，还要支持和帮助他们来完成任务。作为一名创业者，要协调好人员之间的关系，对任务进行统筹安排。

### 4. 沟通能力

良好的沟通能影响人们工作、生活的各个方面。

### 5. 谈判能力

一个好的创业者要能够制订双赢的计划，能与各方进行有效的沟通。

人才是最宝贵的创业资源。善于网罗人才的创业者，通常是创业成功的佼佼者。

◎ 链接

#### 人社部发公开信为毕业生就业创业支招

2021-06-30　来源：工人日报

"又是一年毕业季，你们风华正茂，即将踏入社会，放飞人生梦想！"近日，人力资源和社会保障部发布致 2021 届毕业生的公开信，表示将协同各方，推进政策服务聚力增效，一路为毕业生暖心护航。

对于已落实工作单位的毕业生，公开信提醒其及时办理就业手续，尽快与用人单位签订劳动合同，跟进社会保险缴纳情况，在规定时间内办理户口迁移、党团组织关系接转等手续，并记得查询档案转递去向。

"如果你正在求职，人社部门就业创业一件事'打包办'可为你提供支持。"公开信中明确，这部分毕业生可以到当地公共就业人才服务机构进行求职登记和失业登记，提出就业需求，获得岗位信息、职业指导、职业培训等服务，咨询申办相关就业政策。

同时，还可登录求职登记小程序，在线登记个人情况、求职意向，人社部门将及时与其联系提供服务。想要异地找工作的，求职地公共就业人才服务机构随时欢迎。

有志创业的毕业生，可以参加创业培训，申请培训补贴，提升创业能力；可以申请创业担保贷款、一次性创业补贴，获得启动资金；可以享受税收优惠，降低创业成本；可以申请入驻创业孵化基地，获取开业指导、项目推介、孵化服务、免费场地等支持；还可以参加人社部门举办的创业创新大赛等活动，获得项目展示、成果转化、融资对接等机会。

"如果你选择灵活就业，可以灵活就业人员身份参加社会保险，获得社会保险补贴支持。参加职工基本养老保险的，可以灵活选择缴费基数、缴费时间，我们将积极为你提供便利。"公开信中写道。

此外，对于家庭贫困、身有残疾等有特殊困难的同学，人社部门也将提供"一对一"就业援助，优先为其推荐岗位、提供服务。（记者 李丹青）

## 四、创业管理能力

看准合适的创业机会，找到志同道合的创业伙伴，所需的资金也有了着落之后，就需要创业者把自己所能控制的资源组织起来。具体来讲就是人、财、物的管理问题。成功的创业者必须具有创业管理能力。

创业管理能力一般包括战略能力、计划能力、营销能力、理财能力、项目管理能力和时间管理能力等。

（1）战略能力指整体地考虑企业如何经营，如何适应市场，如何向顾客传递价值，以及如何比竞争者做得更好的方法和能力。

（2）计划能力指考虑应该做什么，知道计划如何影响企业经营，以及知道各个发展阶段做什么的能力。

（3）营销能力指能洞察企业提供的产品、服务及其特性，知道它们如何满足顾客的需要，有让顾客认识其优势的能力。

（4）理财能力指能管理钱财，对支出能跟踪，能监控现金流，以及根据其潜力和风险评价投资的能力。

（5）项目管理能力指能组织项目，确定特定目标、工作计划以确保资源在正确的时间处于正确位置的能力。

（6）时间管理能力指能有效地利用时间，能够优先安排重要的工作和按计划行事的能力。

### ⏱ 任务实施

#### 让我来策划推销

步骤一　班级学生分为若干小组，扮演推销人员，到终年是冰雪的阿拉斯加推销电冰箱。

步骤二　组长负责分工，讨论后写出详细的推销策略。

步骤三　教师扮演生活在阿拉斯加的因纽特人，能成功说服教师购买冰箱的组胜出。

步骤四　每组派出几个代表，谈一谈自己此次策划推销的心得体会。

## 任务评价

评一评

哪个小组成功地推销出了电冰箱？请学生代表谈一谈此次推销的心得体会。

学以致用

创新能力水平测试可通过表 7-1 进行。

**表 7-1　创新能力水平测试表**

知识多的人创新能力不一定就强，知识少的人创新能力也不一定就弱。通过以下测评标，可以了解自身目前的创新能力水平。

注意：①每一题都要做，不要花太多的时间去想；②所有题目都没有"正确答案"，凭你读完每道题的第一印象作答；③虽然没有时间限制，但应尽可能以较快的速度完成，越快越好；④凭自己真实的感觉作答；⑤每一题只能打一个"√"。

| 序号 | 题目 | 无 | 偶尔 | 时有 | 经常 | 总是 |
|---|---|---|---|---|---|---|
| 1 | 我不人云亦云 | □ | □ | □ | □ | □ |
| 2 | 我对很多事情喜欢问"为什么" | □ | □ | □ | □ | □ |
| 3 | 我的思维常常无拘无束，没有框架 | □ | □ | □ | □ | □ |
| 4 | 我能摆脱习惯思维的束缚 | □ | □ | □ | □ | □ |
| 5 | 我经常能从别人的谈话中发现问题 | □ | □ | □ | □ | □ |
| 6 | 我勇于提出新想法、新建议 | □ | □ | □ | □ | □ |
| 7 | 我对事物很敏感 | □ | □ | □ | □ | □ |
| 8 | 我的创新欲望很强 | □ | □ | □ | □ | □ |

| 序号 | 题目 | 无 | 偶尔 | 时有 | 经常 | 总是 |
|---|---|---|---|---|---|---|
| 9 | 我头脑中记住的东西在使用时能够及时提取出来 | ☐ | ☐ | ☐ | ☐ | ☐ |
| 10 | 我的求知欲望很强 | ☐ | ☐ | ☐ | ☐ | ☐ |
| 11 | 我不迷信权威 | ☐ | ☐ | ☐ | ☐ | ☐ |
| 12 | 我头脑灵活 | ☐ | ☐ | ☐ | ☐ | ☐ |
| 13 | 我的想象力丰富 | ☐ | ☐ | ☐ | ☐ | ☐ |
| 14 | 我相信自己的创造潜力能充分发挥出来 | ☐ | ☐ | ☐ | ☐ | ☐ |
| 15 | 我不迷信书本 | ☐ | ☐ | ☐ | ☐ | ☐ |
| 16 | 我从创新性工作中获得乐趣 | ☐ | ☐ | ☐ | ☐ | ☐ |
| 17 | 我看重事业成功 | ☐ | ☐ | ☐ | ☐ | ☐ |
| 18 | 我的联想能力强 | ☐ | ☐ | ☐ | ☐ | ☐ |
| 19 | 我有远大的工作目标 | ☐ | ☐ | ☐ | ☐ | ☐ |
| 20 | 我喜欢幻想 | ☐ | ☐ | ☐ | ☐ | ☐ |

# 任务二  做好创业准备

▶ **任务目标**

（1）掌握创业者必备的素质。

（2）了解创业实务知识。

**案例导入**

**商机**

有一家营运相当好的大公司，为扩大经营规模，决定高薪招聘业务员。考试题目是：想办法把木梳卖给和尚。

绝大多数应聘者感到困惑不解甚至愤怒，出家人要木梳何用？这不明摆着拿人开玩笑吗？于是纷纷拂袖而去，最后只剩下3个应聘者：甲、乙和丙。

主试者交代："以十日为限，届时向我汇报销售成果。"

十天一到，主试者问甲："卖出多少把？"答："1把。""怎么卖的？"甲讲述了历尽的辛苦，游说和尚应当买把梳子，无甚效果，还惨遭和尚的责骂，好在下山途中遇到一个小和尚一边晒太阳，一边使劲挠着头皮。甲灵机一动，递上木梳，小和尚用后满心欢喜，于是买下一把。

主试者问乙："卖出多少把？"答："10把。""怎么卖的？"乙说他去了一座名山古寺，由于山高风大，进香者的头发都被吹乱了。他找到寺院的住持说："蓬头垢面是对佛的不敬。应在每座庙的香案前放把木梳，供善男信女梳理鬓发。"住持采纳了他的建议。那山有十座庙，于是买下了10把木梳。

主试者问丙："卖出多少把？"答："1000把。"主试者惊问："怎么卖的？"丙说他到一个颇具盛名、香火极旺的深山宝刹，朝圣者、施主络绎不绝。丙对住持说："凡来进香参观者，多有一颗虔诚之心，宝刹应有所回赠以留作纪念，保佑其平安吉祥，鼓励其多做善事。我有一批木梳，您的书法超群，可刻上'积善梳'3个字，以作赠品。"住持大喜，立即买下1000把木梳。

得到"积善梳"的施主与香客也很是高兴，一传十、十传百，朝圣者更多，香火更旺。

把木梳卖给和尚，听起来真有些匪夷所思，但能在别人认为不可能的地方开发出新的市场来，才是真正的业务高手。商机处处都在，关键在于创业者是否会挖掘。

### 🔗 知识链接

## 一、创业者必备的素质

创业是一个充满激情和艰辛的历程。但并不是每个人都适合创业，也并不是每个人都能成功创业。正如体育运动中人人都可以跳高，但要成为一个优秀的跳高运动员则需要具备一些必备条件。要成功创业，创业者需要具备以下素质。

### （一）有充沛的精力

创业者往往比一般人工作时间更长。他们睡眠时间一般较少。一项成功的创业一般需要较长的时间。因此，与那种冲动型的人相比，创业者要更能够持之以恒地为实现目标而努力。

### （二）有明确的目标且充满自信

创业要有明确的目标。有了目标，创业者才能够找到奋斗的方向，并动用全部的资源（满腔的热情、知识、时间、资本）去实现目标。设定的目标应当是既具有挑战性（要经过一定的努力才能达到），也要现实可行。目标设定过高固然不切实际，但是目标过低则不能充分发挥自身的潜力。

除了有明确的目标，创业者还要有自信，相信自己有能力实现设定的目标。

### （三）有积极的心态

积极心态是相对消极心态而言的，尤其是在逆境中，积极的心态能使人保持乐观的情绪、顽强的意志和冷静的思考。消极心态则是不思进取、得过且过，遇到挫折丧失信心，甚至颓废消沉。

◎ **职场小故事**

两个商人到非洲考察皮鞋市场。一个商人看到人人都赤脚，大失所望：这些人都赤脚，怎么会买皮鞋呢？于是打道回府。另一个商人看到人人都打赤脚，惊喜万分：这些人都没有皮鞋，这市场太大了。于是设法引导当地人购买，终于打开了销路，大获成功。

面对同样的环境，两个商人为什么得出相反的结论呢？因为他们的心态不同。积极的心态是创业者获得成功的决定性因素之一。

### （四）能创造性地解决问题

创业者要有解决问题的强烈欲望。当创业者遇到问题时，他们一般会努力寻找新办法去解决。创业者的目标是创造一个新的企业，这就不可避免会与一些安于现状的人发生冲突，有些人会给创业者的前进道路设置障碍。因此，能够创造性地找到消除这些障碍的方法，并持之以恒地坚持下去，是对一个创业者最基本的要求。

◎ 职场小故事

1915 年，在美国旧金山巴拿马世博会上，茅台酒参展时因为包装简单，不为人注意。中国参展商假意摔碎了茅台酒瓶，顿时四溢的酒香引起了人们的注意。茅台酒不仅因此获得了金奖，还被评为世界名酒。摔碎酒瓶，吸引人们的眼光，这种做法，是创新思维的表现，最终让世界认识了茅台。

### （五）有敢于冒险的精神

安于现状的人往往不会成为创业者，创业者必须敢于冒险。但创业者的冒险与那些赌博式的、蛮干式的冒险不同。创业者的冒险是建立在对风险的客观估计基础之上的，他们总是努力实现最大收益，承担最小风险。

### （六）能够从失败中总结经验

创业是有风险的，因此失败是不可避免的。但失败并不可怕，可怕的是不知道为什么失败。明智的创业者能够从失败中总结经验，以避免类似错误再次发生，而且面对失败有一颗永不妥协的心。许多成功的创业者都是在屡败屡战中成长壮大并取得成功的。

## 二、创业谋略

具备创业的素质和创业的条件后，就可以创业了。但是要成功创业，还必须明确创业之"道"。

### （一）量力而行

企业是由人才、产品和资金组成的。自有资金不足，往往会导致创业者利息负担过重，无法成就事业。因此，创业者要有"多少实力做多少事"的观念，不要过度举债经营。企业应"做大"而非"大做"。"做大"是有利润后再逐渐扩大，"大做"则是勉力举债而为，只有空壳没有实际，遇到风险必然失败。

## （二）谨慎选择

创业要选择自己熟悉且精通的行业。选择项目的首要原则便是"做熟不做生"，选一个自身较为熟悉的行业，在业务的开展和经营中能事半功倍，同时也可避免踏入一些不必要的陷阱。创业需要意志坚定、苦中作乐。只有将兴趣和事业相结合，才能产生热情。热情与挚爱，可以激励出信念，以此去鼓舞团队，遇到困难时创业者才能撑得下来。

---

◎ **职场小故事**

江西女孩小夏从小就喜欢毛绒玩具，在大多数同龄人还不知道毛绒玩具为何物的时候，她和妹妹就已经有了一屋子的毛绒玩具，对于玩具的痴迷最终给了她凭借玩具创业的机会。

最初，她和妹妹在深圳开了一家毛绒玩具专卖店，那也是深圳最早的高档毛绒玩具店之一。虽然两人从未有过经商经验，也不懂物流管理，但这个创业仅仅凭借独特的定位实现了盈利，并在随后以每半年一个新店的速度迅速扩充到 4 家店面。

"兴趣是最好的老师"，在选择行业时，小夏姐妹从自己的兴趣出发，为她们的成功奠定了基础。

---

## （三）做好规划

稳健是企业发展的重要保障。这需要企业不但要有短期计划，也要有长期规划。量力而行，是创业成功的保证。所谓"本钱小做小生意、本钱大做大生意"，为的就是在经营过程中不致资金短缺。其中，即使"本钱大"，也要有充裕的准备金。否则，一旦应收款收不回来，应付款又无钱可付，就只能关门停业。即使开业资金充足，也必须制订合理的支付计划，以避免出现资金短缺。

精细的规划往往针对的是创业过程中可能出现的困难局面。创业者在家庭生活、社会事务、金钱支付方面，所面临的问题都要比以前复杂得多。创业者要对企业运转、雇员生活承担责任，要防止欺诈、盗窃与自然灾害，还要努力学习经营管理。作为创业者要认真思考，在努力奋斗的条件下是否能够以自己的体力、见识、能力和经验去应对种种事务。以上诸项有一失误便可能招致创业失败。

### （四）先生存再发展

企业应先求生存再求发展，打好根基，勿好高骛远、贪图业绩、不顾风险，必须重视经营体制，步步为营，再求创造利润，进而扩大经营。

### （五）集中力量

公司初期规模必须精简、有效率，不要一味追求表面的浮华，以免增加费用。

### （六）寻求合作

创业要讲求战略，小企业更需要与同业联盟，即在自有产品之外，附带推销其他相关产品。用同业联盟的方式结合相关产业，不仅能提高产品的吸引力、满足顾客的需求，也能增加自己的竞争力与收益。

### （七）适时规划

经营理念、经营方针及经营策略均需详细规划，提前做好准备。

总而言之，创业前应先调适心态，做好自我评估，了解自己究竟适不适合创业。一旦走上创业之路，就应好好努力，掌握各项创业原则。

## 三、创业实务知识

### （一）工商税务知识

#### 1. 工商登记

工商登记是国家对生产经营者所行使的管理职能之一，也是生产经营者确认自身合法地位的法律程序。申请开办公司，首先要提交开办公司的申请报告。报告应写明开办公司的名称、地址、组建负责人的姓名、公司性质、生产经营范围、生产经营方式、公司总金额、职工人数、筹建日期等内容。工商登记审批的最后环节是领取营业执照。公司自领取营业执照之日起即宣告成立，标志着公司取得了法人资格，同时也取得了公司名称专用权和生产经营权。

### 2. 税务登记

守法经营、依法纳税是每个公民应尽的义务。为保证生产经营活动顺利进行，生产经营者应在领取营业执照之日起 30 日内到税务机关进行税务登记。

### （二）经济法律知识

#### 1. 个人独资企业

个人独资企业指由一个自然人投资、财产为投资个人所有、投资人以其个人财产对企业债务承担无限责任的经营实体。

#### 2. 合伙企业

合伙企业指由各合伙人订立合伙协议，共同出资，合伙经营，共享收益，共担风险，并对合伙企业债务承担无限连带责任的营利实体。设立合伙企业必须有合格的合伙人 2 人以上，最多不超过 20 人；合伙人必须为具有完全民事行为能力的人。

### （三）其他知识

除工商税务、经济法律知识外，还有其他相关知识，如金融保险知识、财务管理知识等，需阅读有关资料进行系统的学习。

在创业初期，公司规模一般都比较小，许多人事、财务等方面的工作可以外包给一些中介机构去代理。这样不仅可节省开支，而且可以得到更高水准的专业服务。

### ⏱ 任务实施

#### 创业测试

市场如战场，并不会因为弱者的无知而对他有所宽容，想一想，你准备好了创业吗？

**步骤一**　准备好纸、笔，认真回答以下问题。

①你对主要经济指标的了解有多少？②你做计划和预算的能力怎样？③你的财务管理知识有多少？④你能否亲自进行日常管理工作？⑤你对进货和存货控制的知识了解多少？⑥你会进行市场分析和市场预测吗？⑦你认为自己的市场敏锐性如何？⑧你了解促销、广告吗？⑨你有没有把握与员工建立良性互助的关系？⑩你了解产品定价的知识和策略吗？

**步骤二**　认真对照以下标准，看看自己是否准备好创业。

上述 10 个问题中，每一个问题为 1～5 分，如果你完全不懂，则得分为 1 分；如果你非常清楚地了解，则得分为 5 分；如果介入完全不懂和非常清楚之间，根据情况得分分别为 2 分、3 分、4 分。如果得分在 45 分之上，说明你已有充分准备，可以放手一搏。如果得分为 35～44 分，你可以小试一下，并就薄弱环节尽快补课。如果得分在 34 分以下，则说明你的创业知识储备不足，必须先补课，然后再伺机创业。

**步骤三**　对自己的创业准备有了一个客观的认识以后，列出详细的补习计划。例如找一些书籍自学，到公司里打工以积累经验，或去学习一些必修课程，或系统地向别人请教等。

### 📝 任务评价

议一议

详细地说一说自己的创业计划。

## 合伙经营的好处有哪些?

### 1. 增加启动资本

你的创业资本是由你和你的合伙人共同筹措的。

### 2. 减轻风险压力

完全靠自己创建企业,压力、风险大,不如找一个合伙人与你一起承担。

### 3. 优势互补,群策群力

有钱的出钱,有力的出力。有的人有专业技术,有的人有管理才能,这样可以优势互补。

请注意,在合伙经营之前,要先想一想自己的性格是否适合与人合作。个人意识太重,主观意识太强,喜欢以自我为中心,不能够将自己的主张、资源与别人分享的人,不适合合伙经营。

拓展训练

## 加盟连锁创业

有很多小饰品店、冷饮店等的加盟费用不高,选对店铺和产品还是很赚钱的。加盟连锁一定要看准,并且越早介入成功的可能性越大。D 小姐在某市加盟石头记饰品连锁店,由于当时此类产品在市场上比较少见,属于竞争少、利润高的行业,因此短短两年就赚了近百万元。等到各种饰品连锁店低价竞争时,她早就关门而转行开了一家眼镜店。也可以加盟有实力的房产中介公司,只需要门面、电话、桌椅等成本。房源信息来自售房户、出租户,他们在公司免费登记。同时,你可以在小区的信箱内投递一些征求房源的广告。接下来就可以通过门市发布房源租售信息。之后就会有求租、求购的客户上门。你提供信息并带领看房,双方成交时,你就会得到相应的中介费。

**建议：**

（1）选择行业门槛低但回报高的产业，如房产中介。

（2）选择新兴产品，当竞争产品增多，营业额下降时，立即转向。

（3）整个投资不宜过大，可找利润高、投入少的项目加盟。千万别相信加盟企业"无经验一样经营""全程营销辅导"等广告宣传。

# 项目八

## 实施创业计划，完善创业方案

◁ 项目导引

具备创业者必备的素质之后，还需要制订一份翔实的创业计划书。那么，创业计划书都包括哪些方面的内容呢？带着这些问题，我们进入该项目的学习。在这一项目中，我们将了解创业计划的意义、创业计划书的具体内容及创业者在创业初期面临的关键问题，并通过创业方案的设计提升自身的创业能力。

## 项目目标

（1）制订创业计划书。

（2）完善创业方案。

# 任务一　制订创业计划

## ▶ 任务目标

制订创业计划书。

## 👥 案例导入

### 预料不到的风险

晓妮是某职业学校面点专业毕业的学生。两年前，她的父母开始在学校外的马路上摆摊卖早点。晓妮听了学校组织的创业讲座后，觉得附近有很多学校，仅中学、中职在校生就有 6000 多人，开一间有特色的面食店应该大有市场。于是在老师和同学的帮助下，晓妮与父母借了 5 万多元在学校附近租了房子开起了"燕子面食店"，晓妮成了"总导演"。她策划的"小寿星"面宴吸引了许多同龄人。面食店生意很火，晓妮的父母都沉醉在喜悦之中。晓妮还想毕业之后把这个店开大，并放弃了她叔叔给她联系的工作。可是好景不长，一场突如其来的流行性疾病，让几所学校都实行"封闭式"管理。学生不能出来就餐，"燕子面食店"生意一落千丈，半个月下来已入不敷出。这时的她才感受到"风险"。

## 🔗 知识链接

## 一、创业计划及制订的意义

计划是在工作或行动之前预先拟定的具体内容或实施步骤。确定创业目标后，创业者就应着手制订创业计划。

所谓创业计划，就是全面、清楚地把创业构想通过一定的形式表达出来。创业者都必须对创业目标有一个科学的规划和设计。创业计划就是根据创业营运原理和企业创业经验，结合自己的实际，整理出的一套全面、渐进的程序和方法，以便能够分阶段、分步骤地实现创业目标。制订创业计划，把创业目标逐步分解，并分布在不同的创业阶段，使之一目了然，这样才能准确地把握不同创业阶段的不同任务，提高创业的效率。制订创业计划有重要意义。

（1）制订创业计划，能够科学地规划未来的事业。制订创业计划的过程，实际上是广泛调查研究、收集有关信息，汲取别人的创业经验，从而客观、冷静地从整体上审视创业构想的过程，有利于避免创业的盲目性。同时，创业计划也是帮助创业者实现创业目标的一种有效方式。

（2）制订计划可以展示创业者的能力和决心。一份好的创业计划也是一个创业的可行性报告。计划的确定建立在创业者对相关企业了解和调查研究的基础上，也建立在对创业条件和能力分析的基础上。计划本身展示了创业者的能力和决心。

（3）制订一份好的创业计划可以提高创业的成功率。创业计划应该包括目标和措施等，创业的过程实际上是实现计划的过程。制订创业计划可以进一步明确创业目标，落实创业措施，减少失误，提高创业的成功率。

（4）创业计划可以保证创业工作有序进行。创业计划反映创业者的经营思想和经营策略，以及创业者对企业的心志投入。创业过程中先做什么，后做什么，都要按计划进行。计划可以保证创业工作有序进行。

创业实际上是按照创业目标和创业计划付诸行动的一种实践活动。按照不同的标准可将创业计划分为不同的种类。

1. 以时间为标准，可分为长期计划、中期计划和短期计划

长期计划也称战略计划，它是对创业活动的一种整体设计，具有系统性和完整性。对于创业活动来说，计划具有战略性、纲领性的指导作用。长期计划主要包括实现长期目标而预先拟定的一些重要活动步骤、分期

目标和重大举措。中期计划在创业的时间安排、创业活动的内容以及创业的实施步骤等方面，都体现得简短而具体。短期计划更能体现阶段性的特点，在时间安排、活动内容以及要达到的效果等方面都有较为明确的规定，一目了然，便于实施。

### 2. 以创业的内容为标准，可分为经营计划与创建计划

经营计划是根据创业目标和内容的要求，明确要干什么，怎么干，如何干好。它涉及企业营运实务的所有方面，可指导创业者的日常工作，以实现创业的具体目标。创建计划指把创业构想变成创业实践，并按照经营计划运营。

## 二、创业计划书

创业计划书是将有关创业的想法，以文本为载体展示出来。创业计划书的质量，往往会直接影响创业发起人能否找到合作伙伴、获得资金及其他政策的支持。如何写创业计划书呢？要依目标（即对象）不同而有所不同，有的是写给投资者看的，有的是要去申请银行贷款的。不过，创业计划书也有一般的格式，需要包含以下内容。

### 1. 从事的行业

必须描述进入什么行业，销售什么产品（或服务），谁是主要的客户，所属产业的生命周期是处于萌芽、成长、成熟还是衰退阶段，企业是独资还是合伙公司，何时开业，营业时间有多长等。

### 2. 主打产品

需要描述企业的产品和服务到底是什么，有什么特色，自己的产品跟竞争者有什么差异，客户为什么要选购等问题。

### 3. 市场定位

首先需要界定目标市场在哪里，是既有的市场和客户，还是在新的市场开发新客户。不同的市场和不同的客户有不同的营销方式。在确定目标之后，应该确定产品如何上市、产品的定价和促销活动等，并且做好

市场预测。

### 4. 经营地点

一般公司对地点的选择没有特殊的要求。但是如果要开店，店面地点的选择需要考虑市场定位等因素。

### 5. 市场竞争分析

市场竞争分析包括市场有几大竞争者，它们的业务如何，它们与自己的业务相似程度如何，可从它们那里学到了什么，如何做得比它们好。

### 6. 管理办法

管理办法要提出企业管理的目标和细则。

### 7. 人事需求

要考虑现在、半年内和未来三年的人事需求。要具体考虑需要引进哪些专业技术人才、全职或兼职、工资如何，所需人事成本等。

### 8. 财务问题

考虑融资款项的运用、营运资金周转等，并预测未来三年的损益、资产负债和现金流量。

### 9. 风险估算

风险可能来自突发事件，当风险来临时要有应对措施，所以提前进行风险估算。

### 10. 未来规划

规划企业三年后如何发展及其要实现的目标。企业是持续经营的，所以在规划时要长远考虑。如果没有极其重要的理由，创业者就不要轻易改变计划。

## 三、创业初期的关键问题

在企业运营的最初几个月里，由于实际经验不足，创业者很容易产生再做些别的事情的想法，如增加一种产品或服务、进入一个新市场等。此时创业者应该保持信心，将原计划再坚持一段时间，以更好地验证企业运营的模式。

创业者保持高度热情的方法包括有效安排时间（即在恰当的时间做恰当的事），从消费者的角度改进企业的产品或服务，重视与市场的联系等。创业初期要注意以下几个方面。

## （一）合理规划时间

时间是一种有限且宝贵的资源。创业者应合理安排自己的时间，以确保经营中的每一项事务都得到保障。这是创业者对企业的最好投资。

> ◎ **职场小故事**
>
> 在一次有关销售培训的课堂上，老师拿出一个水罐放在桌子上，将那些正好可以放进罐子里的大块鹅卵石放入其中后，问学生："罐子已经满了吗？"
>
> "是。"所有学生异口同声地答道。
>
> "真的吗？"讲师笑着问。然后他从桌子下面拿出一些碎石子，从罐子口倒下去，摇一摇，再加了一些，又问学生："现在罐子是不是满的？"
>
> 这次学生不敢答得太快。最后，有位学生怯生生地回答道："也许没满。"
>
> "很好！"老师说完后，又从桌子下面拿出一袋沙子，慢慢地倒进罐子里。
>
> "现在罐子满了吗？"老师又问。
>
> "没有。"这下大家学乖了，他们很有信心地回答说。
>
> "好极了！"称赞完之后，讲师从桌子底下拿出一大瓶水，把水倒进看起来已经被鹅卵石、小碎石、沙子填满了的罐子。"这次满了吗？"
>
> "没有。"这次回答的人好像没有上次多。
>
> 讲师从桌子底下拿出一些盐，倒进了罐子。当这些事都做完之后，他正色地问道："我们从这件事得到了什么启示？"
>
> 如果你不先将大的"鹅卵石"放进罐子里，也许以后永远没机会把它们再放进去了。时间安排也应如此，要合理规划。

## （二）慎重更新计划

创业者一般应该按计划行事，只有在必要时才做调整，且创业的主旨不应改变。为了利用机会或给企业注入新的资金而临时改变创业计划可能会给企业带来新的危险，应慎重考虑。

## （三）总结

成功的企业包括以下因素：

（1）用信息来平衡自己的直觉和预感。

（2）坚持顾客的兴趣、关注点高于一切。

（3）做好计划，在满足顾客需要的同时获得利润。

（4）执行计划。

（5）适应变化。

随着企业的发展，经济和竞争环境改变，企业的创新性会面临新的挑战。创业者的分析能力又会约束和规范其创新性，以创造出适合企业的业务。

## 🕐 任务实施

### 创业方案设计

步骤一　现有资金 1 万元，请你在表 8-1 中为一名刚毕业的中职生设计一个自主创业的方案。

表 8-1　创业方案

| 现状 | 姓名 | 年龄 | 健康状况 | 学历 | 专业 | 现有资金 |
|------|------|------|----------|------|------|----------|
|      |      |      |          |      |      |          |
| 可行性创业方案 | | | | | | |

步骤二 为你设计的方案写一个简单的创业计划书。

步骤三 为你的创业计划书写一个收益分析。

## 任务评价

### 议一议

谁写的创业计划书最符合实际且具可操作性？

### 学以致用

#### 企业家精神

2017 年 9 月 25 日，中央发文明确企业家精神的地位和价值，在《中共中央 国务院关于营造企业家健康成长环境弘扬优秀企业家精神更好发挥企业家作用的意见》中提炼、总结出了中国企业家精神，随后新华社撰文《让企业家在复兴伟业中发挥更大作用》。具有划时代的意义。

当代中国的企业家精神，有着三个极其重要的特征：其一，创新是企业家精神的鲜活体现；其二，工匠精神是企业家精神的不变本色；其三，执着敬业是企业家精神的重要内核。

企业家精神与创新创业本来就是一对"孪生兄弟"——每个人生来都是"创业人"，一旦条件具备，个人身上的企业家精神就可能爆发。我们身处的"双创"时代恰恰为个人提供了创新创业的沃土和氛围。

## 任务二　模拟创业实施

### ▶ 任务目标

掌握创业实施的方法。

### 🔗 知识链接

创业实施是一个动态发展的过程，它是将创业的宏伟蓝图转化为企业实体的过程。创业实施是整个创业活动的主导因素和中心环节。其他创业活动都是围绕着创业实施而展开的，它决定了创业的成败。

## 一、开业准备

在开业之前，需要做好充足的准备。

### （一）场地的租赁

企业必须有与经营规模相适应的、固定的营业场所和必要设施。这是企业生存和发展的物质基础和实体要素。任何企业的开办都要仔细考虑选址问题，不同的地区对于区域性限制与经营许可证的要求不同，企业在选址时必须认真调查研究。

一般的租赁费用包括场地费和广告费。场地费是房租、抵押金、公共事业费、房屋维修、一般装饰、保安、保险以及所有相关费用的总和。有些房屋租金比较昂贵，但其他费用的总和可能比租金明显便宜的房屋的综合费用低。一般来说，如果在选址上花费得多些，而在广告上花费得少些，要比与之相反的做法更为稳妥。

◎ **职场小故事**

**选择位置必须考虑的因素**

人流量：平常、假日及日夜来往人次和比例。

车流量：汽车、摩托车往来流量。

交通：目前及未来可能增减的运输工具，马路宽窄与停车问题。

区域特征：竞争店、互补店、金融机构及文教、休闲设施等。

人口调查：该区人口数量、消费习惯等。

商圈调查：主要及次要商圈范围、租金、价位。

## （二）设备的购置

设备是企业在生产活动中所需各种硬件装置的总称。它是企业技术和新技术具体应用的载体，是企业进行生产活动的物质基础。企业要开张经营，就必须拥有所需的基本设备。

创业者要根据自己的经济实力购置必要生产设备、办公设备等。但在资金不宽裕的情况下，辅助生产设备可采取租赁或分期付款的办法解决。企业设备装置状态的好坏，不仅直接影响企业产品的数量、质量以及其他各项技术经济指标，关系到企业的正常运行和企业的经济效益，而且会对企业形象产生重大影响。因此，企业创办之初，选择和购置设备必须慎重地综合考虑各方面因素，以使这种重大投入切实给企业带来明显的经济效益。对于企业所需的重要生产设备，在最终购置之前，要"货比三家"，实地考察设备生产厂家，考察设备的先进性、性能价格比、可靠性、节能性、环保性，尤其是售后服务等因素。

## （三）资金的筹措

企业的运作过程实际上也是资金的运作过程。如果资金得不到保证，企业就很难顺利地开展业务，因此，资金是创业得以推进的前提。开创新的企业，最大的困难就是获得"第一桶金"。

### （四）人员招聘

人员招聘是创业的重中之重。选择合适的员工会可为创业增添力量，反之，不合适的员工也可能导致公司经营的失败。

创业者先要招聘合适的员工，之后就是聘用员工（包括工资谈判、签订合同等）和培训员工。招聘是一个连续的过程，包括确定招聘计划、发布招聘信息、接待和甄别应聘人员、发出录用通知书、录用备案、就业登记、评价招聘效益等。招聘员工要注意下述五个方面的问题。

第一，准备充足。人员招聘计划的主要内容应该包含此项招聘的目的、应聘职务描述及人员的标准和条件、招聘对象的来源、传播招聘信息的方式，招聘组织人员、招聘时间、新员工进入企业的时间、招聘预算经费等。在制订招聘计划时，要把握循序渐进原则。如果匆匆忙忙、不加挑选地招进一批人，那么以后企业会面临招聘资金用尽，后续无法补充人员的情况。过多的不称职人员会使企业背上沉重的包袱，而辞退过多的人员会使企业的社会形象受损。

第二，发布信息。发布招聘信息指利用各种传播工具发布岗位信息，鼓励和吸引人员参加应聘。要针对不同的招聘对象，选择不同的信息发布媒体和渠道。

第三，筛选简历。招聘人员一般要先审查应聘人员的申请表，初步筛选出那些满足应聘条件的人员；再与候选人面谈，对通过测试的应聘者进行背景调查；然后从中优选出应聘人员与主管经理或高级行政管理人员进行面谈；最后通知合格人员做健康检查。对应聘者的评估必须客观与公正。

第四，面试聘用。企业在招贤纳士的同时，必须向员工申明企业的宗旨、规章制度和员工守则、各职级的责任、生产运作的方式等，并且要与雇员签订劳动合同。

第五，录用备案、就业登记和终止或解除劳动关系备案。招用人员后，自录用之起 30 日内，要到当地劳动保障行政部门办理录用备案手续，并为被录用人员办理就业登记。与员工终止或者解除劳动关系后，应当于 7 日内到当地劳动保障行政部门办理备案手续。

创业者应当在招聘后对招聘计划和过程进行总结和评价，对招聘成本进行核算和对录用的人员予以评估。为了适应经营环境的变化，提高竞争能力，需要招聘不同的人员。招聘是补充人员的主要方法，也是保持组织活力的重要手段。创业者应该积累招聘方面的经验。

## 二、开业登记

创业者在各种条件准备就绪后，要依照有关条例向登记机关办理登记。登记注册后方可从事经营活动。2022 年 3 月 1 日起开始实施的《中华人民共和国市场主体登记管理条例》规定：市场主体，即在中华人民共和国境内以营利为目的从事经营活动的下列自然人、法人及非法人组织。①公司、非公司企业法人及其分支机构；②个人独资企业、合伙企业及其分支机构；③农民专业合作社（联合社）及其分支机构；④个体商户；⑤外国分支机构；⑥法律、行政法规规定的其他市场主体。一般登记事项包括：①名称；②主体类型；③经营范围；④住所或者主要经营场所；⑤注册资本或者出资额；⑥法定代表人、执行事务合伙人或者负责人姓名。除前款规定外，还应当根据市场主体类型登记下列事项：①有限责任公司股东、股份有限公司发起人、非公司企业法人出资人的姓名或者名称；②个人独资企业的投资人姓名及居所；③合伙企业的合伙人名称或者姓名、住所、承担责任方式；④个体工商户的经营者姓名、住所、经营场所；⑤法律、行政法规规定的其他事项。

此外，市场主体的下列事项应当向登记机关办理备案：①章程或者合伙协议；②经营期限或者合伙期限；③有限责任公司股东或者股份有限公司发起人认缴的出资数额，合伙企业合伙人认缴或者实际缴付的出资数额、缴付期限和出资方式；④公司董事、监事、高级管理人员；⑤农民专业合作社（联合社）成员；⑥参加经营的个体工商户家庭成员姓名；⑦市场主体登记联络员、外商投资企业法律文件送达接受人；⑧公司、合伙企业等市场主体受益所有人相关信息；⑨法律、行政法规规定的其他事项。

开业登记的基本程序是：

（1）申请人提交申请办理市场主体登记相关材料。主要含有：①申请书；②申请人资格文件、自然人身份证明；③住所或者主要经营场所相关文件；④公司、非公司企业法人、农民专业合作社（联合社）章程或者合伙企业合伙协议；⑤法律、行政法规和国务院市场监督管理部门规定提交的其他材料。

（2）登记机关对申请材料进行审查。对申请材料齐全、符合法定形式的予以确认并当场登记。

（3）批准后登记机关依法予以登记的，签发营业执照。营业执照签发日期为市场主体的成立日期。营业执照分为正本和副本，具有同等法律效力。电子营业执照与纸质营业执照具有同等法律效力。营业执照样式、电子营业执照标准由国务院市场监督管理部门统一制定。

需要向创业者指出的是，企业经核准登记，发给营业执照后，即产生了以下法律效力：①取得合法地位；②取得企业名称的专用权；③取得进入生产经营的活动权和承担的义务；④接受登记主管机关的监督检查。如果企业未核准登记，一律不准开业，不得私刻公章、签订合同、注册商标、刊登广告，也不能在银行以企业名义设立账户。

## 三、企业运作

企业运作分为内部运作和外部运作。

内部运作包括以下三个层面。

（1）企业基础功能的运作。这个层面的运作包括技术开发、生产管理和销售管理三个功能，是企业从产品或服务的产生到在顾客那里实现效用的过程，解决企业做什么或者靠什么生存的基本问题。

（2）实践、人力配置、办事流程三个方面的运作。这个层面的运作确保产品能够做好，并能在一定的生产成本、公关成本和人力成本下完成，以使企业得到较高的利润。这个层面的企业活动或功能回答了企业怎么做的问题，满足了企业在中短期发展扩大的需要。

（3）企业文化和远景、使命、策略。这是相对于经济基础而言的上层建筑，关乎企业发展的方向和策略。这个层面的运作回答了企业是否能够快速成长的问题。

外部运作有四个方面，分别是市场导向、评估控制、顾客服务和公共关系。它们分别回答了企业为谁服务和用什么来服务；如何确保企业员工所做的一切与顾客的需求是一致的，同时与企业的目标也是一致的；怎么确保顾客服务的质量并以此得到顾客的奖赏和长期的支持；企业的行为与股东的利益是否一致，与政府和社会的要求和期望是否相符合。

## 四、有效管理

有效管理对公司的稳定发展非常重要。一个成功的管理者能让团队拥有共同的理想和目标，要把工作重点放在类型性问题的思考、流程的设计与实践上。此外，一个成功的管理者还要能意识到细节管理的重要性。

◎ **拓展阅读**

海恩定律清楚地说明了细节的重要性。他认为，每一起严重事故的背后，都有9次轻微事故，300起未遂先兆，1000起事故隐患。这说明所有的安全问题，都是不重视细节造成的。管理师应关注过程，而不仅仅是结果。紧抓工作过程中规定动作的执行才是管理的核心。

⏱ **任务实施**

**模拟创业实施**

步骤一　总结出创业的几"部曲"，写在纸上。

步骤二　全班分为若干个创业团队，在组长的带领下，讨论创业行业。

步骤三　分工明确、写出创业计划和实施方案。

步骤四　按照计划中的安排准备注册公司需要的材料。

步骤五　由教师评出实施创业比较出色的小组。

📝 **任务评价**

议一议

哪一个小组的创业团队表现最为出色？

学以致用

**创业需要注意的细节问题**

1. "近水楼台先得月"

有的学生走出校门便开始创业，有的学生工作几年累积足够的经验后才开始创业，但他们的创业方向大都与创业者所学专业相关。在擅长的专业领域内累积的经验和资源是创业最大的财富，创业者要善于利用这些资源，以便"近水楼台先得月"。

2. 寻找合作伙伴

刚刚走出校门的学生，或是刚开始创业的人，常常苦于没有资金，这个时候就需要寻找一个合作伙伴。但要谨记，要选择志同道合、互相信任的合作伙伴。同时，与合作伙伴之间的责、权、利一定要分清楚，最好形成书面文字，有合作双方和见证人的签字，以免发生纠纷时空口无凭。

### 3. 了解相关政策

政府部门有很多鼓励创业的政策，对自主创业的学生给予支持和鼓励。在创业时一定要用足这些政策，这样可以大大降低创业初期的成本。

### 4. 胜不骄、败不馁

当你收获第一桶金时，会觉得所有的艰辛都是值得的。这个时候你会有胜利的喜悦，但切记不要被胜利冲昏了头脑，要保持清醒，继续前行。同样，如果你失败了，也不要气馁或立即放弃，再坚持一下。阳光总在风雨后，也许在历尽荆棘之后，就会走上通往成功的康庄大道。

拓展训练

# 创业方案：便利店投资创业计划书

## 一、背景资料：便利店的潜力及趋势

近年来，大型卖场的数量不断增加。中小型卖场由于商品品种以及经营项目受限、经营理念落后，且经营成本居高不下，生存空间越来越小。这引发了业态的变革，产生了超市和小型杂货铺之外的一种新业态——便利店。便利店是为方便周围的居民或工作人员开设的一种小型超市，是生存于大型综合卖场及购物中心边缘的零售店，以经营日用快速消费品为主，一般开设于各社区、流动人口较多且以快速消费为主的地方。

便利店的商圈覆盖范围一般为周边 300 米。便利店的经营应以方便消费者为前提，为消费者提供一个方便、快捷的购物体验，以赢得消费者青睐。便利店主要经营快速消费品，如日用品、面点、果蔬等。

便利店以超市的经营特点、杂货铺的经营成本、价格优势及便利性，迅速赢得了消费者的青睐，因而得以快速发展。随着生活节奏不断加快，便利店已成为零售行业发展的新趋势。

国内该行业起步较晚，在便利店业态目前尚没有很突出的企业，大家都在边做边摸索。

## 二、选址

（1）便利店的商圈范围一般为周边 300 米。超过 300 米，其影响力就比较差了。经营面积一般在 60 ～ 200 平方米。

（2）经营选址一般都在社区（拥有自己的商圈）及路边人气比较旺的地方，或是大卖场旁边（借助别人的商圈），以此来增加人流量。

## 三、投资计划

### （一）企业形象（CI）设计

CI 要展现便利店的经营信息，要符合便利店的经营特点，并且能有效结合现有的资源，以上口好记为准则，名字中要体现便利店的概念。

### （二）投资

1. 固定设施

（1）天花板：便利店的装修不必讲求奢华，只要符合便利店的经营特点，且能给顾客留下清洁、舒适的印象即可。一般只需使用白色的天花板或者其他暖色的天花板。但是在布局装饰时比较讲究搭配，比较常见的有白色腻子顶、石膏板等。

（2）地面：便利店营业时间比较长，以销售日常食品为主（食品销售占 50% ～ 60%），这就要求店堂的色彩淡雅、明快、清新。由于灯光有反射效果，地板一般以素色、浅色为主，如乳白色或米黄色的地板。

（3）招牌：便利店的招牌不必制作得太奢华，只需符合便利店的特点，能有效契合经营需要即可。

（4）店前的地面：平整，容易搞卫生即可。一般用素色地板或是直接使用水泥地面。

（5）墙面：为保证店堂的光度，便利店一般用白色仿瓷作墙面，以突出商业气氛。

此外，还可以用广告图来装饰。广告图一般要求使用反光度较高的灯箱片。

（6）照明：一般以白色或暖色的灯光为主，多使用白色的日光灯管。正常情况下，每 10 平方米一根灯管即可使光度符合经营需要。

（7）音响：为保证顾客有舒适的购物体验，便利店一般都配有小功率的音响，以播放舒缓的背景音乐为主。

2. 经营设备

（1）电脑：一般每个店配备一台收银机。

（2）货架：每 4 ～ 4.5 平方米需要一组货架，一般的货架即可。

（3）冰柜：为方便附近的居民，便利店一般都备有两个冰柜。一个用于存放饮料、啤酒、冰激凌等，另一个为冷冻食品专用冰柜。

（4）其他设备：如书报柜、糕点柜等，根据经营需要可适当增加设备。

3. 便利店的商品结构

一般情况下，食品占 50%，日用化妆品占 20%，日用百货占 20%，其他商品占 10%，品种数为 2000 至 3000 种。

（三）经营理念

1. 符合目标消费者需求

便利店经营的都是快速消费品，一般选择比较畅销的商品经营，追求库存小、周转快。

2. 为消费者提供方便

可为附近的客户适当提供送货上门服务。可根据周围居民的需求来配置商品。

（四）管理运营

管理与效益密切相关，因此，管理在运营过程中是相当重要的，如报表管理、库存管理和系统管理等。

1. 报表管理

为维护便利店的形象，保证顾客在店内能买到合乎自己要求的、新鲜的商品，工作人员必须做好相关报表的编制工作，如采购报表、销售报表、滞销报表、畅销商品统计表和临近过期商品统计表等。

2. 库存管理

便利店的商品周转量很小，所以在经营过程中做好库存管理能有效杜绝商品滞销，并提高商品的周转率。

3. 系统管理

系统化、信息化、数字化管理能有效减少商品的损耗，快速实现商品的流转，从而使资金的流转更加有效，促进良性发展。

（1）损耗管理。制定有效的防损制度。

（2）促销管理。促进滞销商品的销售，有利于处理临近过期的商品。

（五）投资分析预算按120平方米计算

1. 固定设施：首期（即开业前）

天花板＋墙面：直接刮腻子（120+120）平方米 ×3.5 元 / 平方米 =840 元

水电设备：500 元

天花板及地板：120 平方米 ×6 元 / 平方米 +600+120 平方米 ×12 元 / 平方米 =2760 元

商店招牌：10 个 ×30 元 / 个 =300 元

合计：840+500+2760+300=4400 元

经营设备：

货架：5000 元

电脑收银设备：3000+500+800=4300 元

冰柜：1000 元 / 个 ×2 个 =2000 元

收银台：500 元

烟柜：300 元

酒柜：500 元

电话初装费：100 元

合计：5000+4300+2000+500+300+500+100=12700 元

店铺租赁押金：2000 元

店铺租赁租金：5000 元

消防设备：500 元

货值：400 元 / 平方米 ×80 平方米（店铺总面积 120 平方米，店铺内

最大可利用空间按 80 平方米计算）=32000 元

总投入：4400+12700+2000+5000+500+32000=56600 元

2. 经营成本及经营费用

税费：500 元 / 月（国税）+200 元 / 月（地税）=700 元 / 月

工商管理费：150 元 / 月

水费：50 元 / 月

电费：500 元 / 月

工资：2000 元 / 月

房租：600 元 / 月

经营成本合计：700+150+50+500+2000+600=4000 元 / 月

3. 营业效益预计

按照居民区内入住 1500 户人家，每户人家 3 口人计算，居民区内共有人口 4500 人。在每日产生 500 笔交易，每笔交易 2 ～ 3 元不等的情况下，预计一个最高利润和一个最低利润。

日营业额：1000 ～ 1500 元 / 日　　　月营业额：30000 ～ 45000 元 / 月

营业利润（最低）：30000×25%=7500 元 / 月

营业利润（最高）：45000×25%=11250 元 / 月

营业外收入：500 元 / 月

合计效益：8000 ～ 11750 元 / 月

4. 收益分析

收益 = 效益—经营成本

最　低：8000 — 4000=4000 元 / 月，4000 元 / 月 ×12 月 / 年 =48000 元 / 年

不可预计费用：3000 元 / 年

实际预计收益：48000—3000=45000 元 / 年

最高：

11750—4000=7750 元 / 月

7750 元 / 月 ×12 月 / 年 =93000 元 / 年

不可预计费用：3000 元 / 年

实际预计收益：93000-3000=90000 元 / 年

年回报率 = 年收益 / 总投入

低：45000÷56000=0.8（预计 15 个月收回投资）

高：90000÷56000=1.6（预计 7 个半月收回投资）

### 四、开业策划

#### （一）开业日程及人员安排

在开业之前一定要安排好开业日程、需邀请人士等，实施专人负责制。开业庆典很重要。

日程安排的主要内容有开业活动主题、活动时间、活动地点、活动邀请的重要人士、活动各个岗位的负责事项、负责人、活动的要求。

某便利店的开业日程安排如下：

（1）活动主题：×× 便利店开业有礼送。

（2）活动时间：12 月 1 日～ 3 日。

（3）活动地点：便利店。

（4）各活动人员的安排情况。

#### （二）准备促销商品

开业时举行的一切活动都是为了销售商品，所以开业前便利店要将所有欲卖的商品都准备齐全。尤其是一些促销类商品，要准备足够的量，做到货源充足，供顾客购买。开业促销商品是必不可少的，可用来吸引顾客，从而达到开业庆典的目的，让顾客认识和接受店铺。

促销活动是开业庆典的重头戏，是吸引顾客的重点。如某便利店开业组织的促销活动：

活动一：会员卡免费送。

活动时间：12 月 1 日～ 30 日。

活动内容：在活动期间，凡到本便利店的顾客，凭身份证便可免费办理会员卡，每人限办一张。

活动操作：开业前两天，门店安排人员到规划好的活动区发放会员卡，后几天安排服务台发放会员卡。

活动二：来就送。

活动时间：12 月 15 日。

活动内容：店长安排人员将赠品放到活动区域，顾客凭收银小票到活动区领取一份礼品。

礼品：小毛绒玩具、文具等。

活动注意事项：开业现场比较拥挤，活动最好安排在统一规划好的区域内，并用音响等引起顾客注意。

### （三）开业宣传

开业时是便利店极好的宣传机会，要充分利用，大力宣传，制造开业的轰动效应。便利店开业的宣传方式，根据所处的商圈和周边受众群体的不同，大体可分为以下几种：

（1）在密集商业区或办公楼附近的便利店，最佳选择是做一些成本较低的电梯广告或印制直邮广告（DM）单发放。便利店将活动期间的特价商品或本次的活动内容制作成印刷品，邮寄或投递给目标顾客群，是现在零售行业较为常见的一种宣传方式。该方式成本低，到达目标群体准确。

（2）在居民楼或者社区附近开便利店，店主可以选择在每个社区的广告栏处张贴开业广告，告知居民开业的时间及活动内容，有条件的可以印制 DM 单，一户一户地发放。

（3）与周边的服务性企业沟通联系，如邮局、小卖部、服装店、鞋店等，在其周围发放 DM 单。

### （四）促销中的重点工作

在做促销时，导购应加强与顾客的交流，说服顾客购买。在做促销时应化被动为主动、大胆向顾客推荐。比如顾客过来买 ×× 酸牛奶，你看到了可以顺便介绍一下"现在另一种酸牛奶买二送一，这几天好多顾客都在买"。其实出售哪种商品，对便利店来讲都是一样的。只是这样的介绍会让顾客觉得，你在为他着想、为他省钱。简单的几句话便可以拉近顾客与便利店的距离，从而使其经常光顾。这也是维系老顾客的一种方式。

在促销活动中还要特别注意要备足货源，及时补货。在促销活动过程中，最忌讳的就是顾客想要购买某商品，门店却断货了。因此，门店要时时检查商品的库存，通过报货或调整上下限的方式补足货源。尤其是一些畅销商品，店员要随时关注，防止缺货情况的发生。如果发现某类商品偏少，要提前和供应商打招呼，及时补货。为了防止出现缺货，最好在促销提示卡上注明"数量有限，抢完为止"，以免引起顾客不满。

### （五）促销后的"收尾"动作

要在促销后及时检查是否撤掉了活动时的价格牌、宣传牌、POP 海报，看一下系统有没有恢复正常的价格等。

要及时做好下一期促销的准备工作。因为店铺的促销是一个接着一个的，撤掉了旧的价格牌、宣传牌、POP 海报，新的宣传海报就要及时张贴上去，以抓住下一次的促销机会。

## 五、后期经营

### （一）便利店的定价策略

24 小时全天候营业的便利店，现在在城市中并不少见。但 24 小时便利店要负担不间断的人力费用、营业费用、照明费、空调费等，比一般的便利店要多出不少。如果要求便利店提供的商品对顾客来说既便利，价格又便宜，种类还要齐全，对店主来说显然是不公平的，利润也就无从谈起。因此，便利店要生存和发展，就不能考虑以低价制胜，而是应定位于以便利制胜。便利店在制定价格策略时，要从以下两方面考虑。

（1）要尽量降低成本，对适合消费群体的急需品种可大量采购，争取以较低的价格销售。

（2）不能盲目追求低价，更不可与大型超市竞价。便利店的商品价格比大型超市高一些是正常现象。因为其吸引顾客的不是价格，而是服务。

### （二）便利店的产品策略

产品策略是便利店经营策略的核心。它对价格策略、渠道策略、服务策略、促销策略等起着统领作用。产品策略成功与否，在一定程度上决定了便利店经营的成败。在产品策略方面，便利店的经营者应注意以下问题。

（1）便利店经营的商品主要是速冻食品、饮料及日常用品。这些商品不求多而求精，要选择畅销的、质量高的、价格又适中的产品上架。要正确进行商品类型的选择，配置要相对科学、合理。按照二八定律，把经营的重点放在占便利店销售收入80%的高利润、高销售额的主营商品上。便利店中同一种商品的品牌不必太多，同一类商品集中在2～3种，通过增加单位商品的销量保证利润的实现。这既节约了陈列空间，又可以较大规模地集中订货，从而降低进货成本。

（2）一定要悉心研究，选择畅销的、性价比高的产品上架，让顾客感到商品丰富，从而提高门店的商品陈列利用率。便利店一般位于城市的繁华地段，面积通常为60～200平方米。有些便利店存在某些商品的陈列面积过大的现象，有不少商品在3个排面以上。这样的陈列会使原本应当有1200种商品的门店，可能只有500多种的商品上架。显然不能满足顾客的基本需求。

（3）在商品日益丰富和产品生命周期日益缩短的今天，便利店一定要不断开发新品，使顾客每次走进便利店都能感受到出售的商品是变化的，随时满足顾客求新、多变的消费心理，营造便利店的销售亮点，并满足目标消费群的需求。这样才能刺激便利店商品销量的增长和周转率的提升，创造双赢的局面。

这三个问题如果处理不好必然影响门店的销售和形象。一个货架空空的门店会对顾客产生什么影响呢？不仅使顾客此次购物没有收获，还可能使老顾客下次不再光顾。

### （三）便利店的分销渠道策略

一间普通的便利店通常要提供2000～3000种商品。不同的商品来自不同的供应商，运送渠道和保存的要求也各不相同。每一种商品都既不能短缺又不能过剩，而且还要根据顾客的不同需要随时调整货物品种。这给便利店的物流配送提出了很高的要求。因此，便利店的成功与否很大程度上取决于配送系统的成功与否。一家成功的便利店背后一定有一个高效的物流配送系统。世界著名的便利店"7–11"的配送系统，在开店上采用了在特定区域高密度集中开店的策略，在物流管理上则采用集中的物流配送方案，这一方案每年大概能为"7–11"节约商品原价 10% 的费用。

我们可以借鉴"7–11"成功的配送体系，对自己的便利店加以整改。如何提高配送中心的工作效率，是现在已经建立配送系统的便利店面临的问题。可充分发挥自设配送中心的优势，建立网络配送系统。为了保证便利店不断货，配送中心一般应保留 3 天左右的库存。同时，中心的网络系统要把每天收到的库存报告和要货报告集中进行分析，最后形成订单，传给供应商，而供应商则要在预定时间之内给中心派选货。

由于便利店的面积相对较小，而地理位置又处于繁华地段，高额的房租不允许门店有大量的库存。商品的库存量应严格控制在最大库存量以内，这就要求配送部门将商品配准、配齐，减少资源的重复，从而保证便利店的商品常进、常新，以减少库存，提高商品的周转率。为了便利店商品快速周转，减少不必要的库存，应注意所配送商品的时效并仔细检查包装。通常将商品的库存定为 3 天左右，像冰激凌、速冻食品类的商品，供应商应每天分早、中、晚 3 次直接送货到门店。

（四）提供特色服务

便利店提供的不仅仅是商品和服务，还有便利。有了便利才可以使更多的顾客驻足，在享受便利服务的同时购买商品。

（1）ATM 机：自动取款机提供各种银行业务活动，通常也充当多功能终端设备。

（2）饮料：功能饮料、茶、软饮料、果汁、水、牛奶以及维生素饮料等。

（3）食物：各种方便食品、点心等。比如很多便利店的收银台旁边会摆放各种各样的方便食品供顾客挑选，如三明治、面包、鸡蛋、方便面、微波食品，还有各种热料理小吃，如肉包和煮食。便利店服务员也可将冷食热一下。

（4）付费：可在便利店交纳许多费用，比如水费、电费、煤气费和保险费等。

（5）送货服务：许多便利店还可以寄存或配送各类货物。

（6）复印机／传真机：一些便利店还配有复印机和传真机。

（7）租赁服务：比如雨伞、自行车、手提袋等的租赁。

（8）订票服务：顾客可以通过多功能终端设备购买体育比赛门票、演唱会门票、公园门票、地铁票和汽车票等。

### （五）向电子商务延伸，创建"四网并行"的新模式

便利店主要销售的商品有食品和日常用品。其中快餐、饮料、冰激凌、酒类、香烟、杂志等商品名列前茅。但是，受营业面积限制，便利店的商品陈列有限，商品种类有时不能满足消费者挑选的需要。电子商务与传统业态的有机地合，为原有商品提供了物流服务。在网上订购商品后，顾客2～3小时就可以拿到商品，这样一来，便利店利用已有的店铺网络和顾客优势，大大节省了实体经营的资金。同时，凭借电子商务这种新型的交易方式，大大扩展了经营的空间和服务范围。

### 六、发展建议

便利店行业的发展及社会经济发展水平的提升，对可行性提出了更高的要求。建议涉足便利店行业并形成连锁化经营的商家，在本地市场未成熟之际尽快抢占行业制高点。

### 七、风险规避

由于风险存在不确定性，因此建议开业3个月后通过核算将店面实行承包经营，具体方式待定，前提是统一采购、统一品牌、统一经营管。具体可通过以下几种方式实行。从而实现降低风险的目的。

A方案：员工入股。

B方案：前期投资算作风险投资，由员工进行担保抵押经营，自负盈亏。

C方案：以委托经营模式交给员工经营、多劳多得，上缴一定费用。

D 方案：以缴纳承包金的形式进行承包经营。

## 八、投资解析

### （一）前期投资

前期投资包括固定设施及营业设施方面的支出，可以利用部分现有设备，以降低投入成本。

### （二）追加投资

在前期计划中很有可能考虑不周，导致资金准备不足。所以在制订创业计划时要把追加投资考虑进去，并准备一定的追加资金。

任务 1：以上述创业方案计划书为例，与你的团队合作制作一份类似的创业方案计划书。

任务 2：当制订好创业方案计划书后，不必着急马上创业，还需要评估一下创业计划是否可行。

# 参考文献

[1] 卢桂英 . 就业创业指导教程 [M]. 北京 : 人民邮电大学出版社，2013.

[2] 陈桂芳，常小芳 . 中职生就业指导 [M]. 北京 : 机械工业出版社，2019.

[3] 冯丽萍 . 中职生就业指导活动指引 [M]. 北京 : 中国人民大学出版社，2017.

[4] 王玉霞，魏本水，刘桂鹏 . 中职生就业与创业指导 [M]. 成都 : 四川科学技术出版社，2019.

[5] 龚道敏 . 就业与创业指导 [M]. 北京 : 高等教育出版社，2020.

[6] 柳君芳，姚裕群 . 职业生涯规划 [M]. 北京 : 中国人民大学出版社，2018.

[7] 蒋乃平 . 职业生涯规划 [M]. 北京 : 高等教育出版社，2019.

[8] 张志民，胡云平，李雪梅 . 就业指导与创业教育 [M]. 上海 : 上海交通大学 2017.